■ 河南评论家文丛

小说艺术论略
——以『文学豫军』为例

刘宏志 著

河南大学出版社
HENAN UNIVERSITY PRESS

·郑州·

图书在版编目(CIP)数据

小说艺术论略：以"文学豫军"为例 / 刘宏志著. -- 郑州：河南大学出版社，2023.5

ISBN 978-7-5649-5470-3

Ⅰ.①小… Ⅱ.①刘… Ⅲ.①小说研究－河南－当代 Ⅳ.①I207.42

中国国家版本馆 CIP 数据核字(2023)第 094215 号

责任编辑	侯若愚
责任校对	韩　露
封面设计	侯一言
出版发行	河南大学出版社
	地址：郑州市郑东新区商务外环中华大厦 2401 号　邮编：450046
	电话：0371-86059701(营销部)　网址：hupress.henu.edu.cn
印　刷	河南瑞之光印刷股份有限公司
版　次	2023 年 5 月第 1 版　印　次　2023 年 5 月第 1 次印刷
开　本	890 mm×1240 mm　1/32　印　张　7.5
字　数	136 千字　定　价　51.00 元

版权所有·侵权必究

本书如有印装质量问题，请与河南大学出版社营销部联系调换。

目　录

第一章　小说的精神//1

第二章　发现的意义//29

第三章　小说与现实//56

第四章　小说与道德//82

第五章　小说与趣味//118

第六章　现代小说中的时间//155

第七章　小说中的"轻"与"重"//177

第八章　小说中的"慢"与"快"//206

第一章　小说的精神

一

在中国语言中,小说这个词汇最早见于《庄子》。《庄子·外物》中有"饰小说以干县令"这样一句话,但是,这句话中的"小说"和我们今天的小说没有任何关系。如鲁迅所言:"然案其实际,乃谓琐屑之言,非道术所在,与后来所谓小说者固不同"①。后来,《汉书·艺文志》中也把称"小说家者流,盖出于稗官。街谈巷语,道听途说者之所造也"。直至明清,小说大盛,但是,此时中文中的小说概念与西方的"Novel"或者"Fiction"也有较大的差距。维克多·麦尔有关于 Fiction 的论述:

---

① 鲁迅:《中国小说史略》,译林出版社,2015,第 1 页。

"中国对应于 Fiction 的概念是小说,它与英语的概念立刻就有了一种对比:英语词基本是从拉丁语 Fingere 的过去分词中分离出来的,意为构造、塑造、创造。中文词的词源指代一种流言或轶事,而英文词则指称的是由作家所创造的事。小说的意思是一些实实在在已发生的事,虽然不一定是什么伟大的瞬间;而 Fiction 则指的是作家头脑中所梦想出来的东西。当一作家称他的作品为 Fiction 的时候,他实际上否认了该作品是现实事件和现实人物的直接反映。"[①]从维克多·麦尔的论述中我们可以看到,Fiction 在西方是强调独创性的,也就是作家独创出来的虚构故事。这显然和中国明清时期的小说仍然有着较大的区别,因为在当时,便如《水浒传》《西游记》《三国演义》这样一些伟大的著作也都是在街谈巷议的基础上整理再创造而完成的,很难说是作家的独创。换言之,中国传统的小说概念,显然和我们今天的小说概念,和西方的Fiction 有着较大的差距。所以,Fiction 被译作小说,并且我们日渐习惯 Fiction 所指称的小说作为小说的所指,在某种程度上,伴随着的,是一个对中国传统小说观念的改造过程。不过,Fiction 被中国译者毫不犹豫地译作小说,倒也有其合理性,那就是虚构性、虚假性——中国传统的小说也罢,Fiction

---

① 维克多·麦尔论述,转引自藏策:《超隐喻与话语流变》,天津人民出版社,2006,第 6—7 页。

也罢,都是虚构的故事。或许,当初的译者,也正是抓住了这虚假性和故事性两点,才毫不犹豫地把Fiction译作小说的。

显然,在小说诞生之初,虚假、不真实等标签就已经固定化在小说之上了,或者说,它只是和道术无关的街谈巷议,根本无关真实,自然也就无足轻重。所以,在中国这样一向重视历史的国度里,小说一直处于边缘的位置,直到新文化运动之前,小说尚没有进入"文苑"。小说因为其叙述得无关轻重,无关道术,从面世始,就成了"不被授权的话语"。当然,这对于小说来讲,并非坏事,因为无关道术,因为无足轻重,无关宏旨,所以就不容易被强权关注,不容易被大众过于强调它必须表达什么样的立场,于是,小说就获得了高度的自由——这种文体可以相对自由地去书写它想要书写的对象。勃兰兑斯曾经分析过文学具有的自由:"因为一个国家有文学就是为了扩展它的视野,把它关于人生的理论用生活本身加以验证。一个人在很小的时候社会就给他一件奇特的用偏见拼凑起来的衣服要他穿。这人问道:'难道我非得穿这件褴褛不堪的外衣不可?难道我不能把这件破烂东西扔掉?真有绝对必要让我要么把脸涂黑,要么蒙上羊面?难道我一定要发誓说驼背的人背不驼,小丑是个正人君子,滑稽人是个特别严肃的人?难道我不能仔细看看这些面孔,或是在他们手上写,我认出你了,漂亮的假面!难道没法不这样?'确实没法不这样,除非你准备驼背揍你,小丑踢你,或者滑稽人使劲打你。不过文学是或者说应该是个特别的领域,这里官样文章应该废止,陈规陋习应当抛弃,假面应当撕掉,可怕的真理应该讲出来。"①勃兰兑斯用形象的笔调说明了,我们每一个个体,自从进入到我们所要生存的社会之中之后,我们都是不自由的,如果我们想要在这个世界上生存得还不错,我们都得穿上社会给我们的"用偏见拼凑起来的衣服"。如果不穿呢,勃兰兑斯也说了反抗会导致的严重后果,"除非你准备驼背揍你,小丑踢你,或者滑稽人使劲打你"。但是,勃兰兑斯说了,在文学中,人可以是自由的,在文学中人可以大胆地说出真理,而不用担心任何惩罚。当然,勃兰兑斯的文学,如果放到中国语境中,可能不完全合适,但是如果把其中的"文学"用小说代替,应该没有大碍了。这当然也和小说在中国历史上的地位有关。因为和道术无关,小说一直处于文类的底层,所以主流、官方往往对之关注甚少。这当然也就让小说获得了天然的自由的权利。

作为艺术的小说,也天然地被赋予了自由的精神。虽然同样是书写文字,但是因为小说是艺术,因为小说是不被授权的话语,于是,作为艺术的小说在艺术形式上就享有了充分的自主权。对于小说而言,显然没有什么固定的格式或者创作

---

① 勃兰兑斯:《十九世纪文学主流:流亡文学》,张道真译,人民文学出版社,1997,第93页。

套路是必须要遵守的,艺术效果是唯一的评价准则。夸张、怪诞、奇幻、写实等,都可以成为小说的风格,没有人要求你小说写作必须写实,或者必须夸张、怪诞。小说能够形成什么样的风貌,完全和作家的认知和想象力有关。小说的边界,就是想象力的边界。于是,在几千年的发展历程中,小说、文学艺术,在艺术形式上不断发生变化,从最早的志怪、传奇,尺牍短寸,到今天的俗世生活、魔幻现实,长篇累牍。事实上,从《尤利西斯》《万有引力之虹》这样的小说能够出版、发行,并且得到认可,我们就可以看到,对于小说,对于艺术,人们有着足够的宽容和认可,这也给艺术的自由、艺术的创造留下了充分的发展空间。小说、文学在叙事精神上显然也是自由的,从小说的发展历史来看,在内容的表达上,小说经常有对国家主流意识形态的反驳。对于小说,中国素有"诲淫诲盗"之说,在某种程度上,对小说的这种定性,是合适的。小说在某种程度上是对人性的最本真、直率的表达,而这样的表达,一方面最能打动读者人心,另一方面也最有可能会触犯到国家意识形态的禁区,所以最终成为所谓的"诲淫诲盗"的东西。封建王朝一向把男女两性关系控制得极为严格,在现实生活中,大家闺秀往往大门不出,二门不迈,这样,爱情、性在国家主流意识形态中往往是被遮蔽的。虽然性对于人类很重要,性学家贺兰特·凯查杜里安说:"性是人类生命的源泉,是整个人生不可或缺的一部分。不管是否我们主动参与,性欲都构成我们日常思想和情感的一部分。它根植于我们的梦想、渴望、恐惧和挫折之中……性明显地又是人们自我概念或身份意识的一个组成部分。"①但是在中国,在漫长的封建王朝时期,却一直没有一个健康合理的性观念,特别是自程朱理学成为中国的主导思想之后,"万恶淫为首"更是成为封建时期的教条。换言之,在这样的时代,谈情说性,都是犯忌讳的。所以,我们很难想象,在官方的正统话语体系中,会出现关于性、爱之类的叙述。可是,这些属于官方忌讳的东西,在小说、文学中出现了。从冯梦龙等人的"三言二拍"中对性的相对简略的表达,到《金瓶梅》中对性大开大合的表述,都呈现着小说对官方主流意识形态的疏离。至于说到爱情,在中国古代,显然这也是官方意识形态不允许的,因为爱情自主也是个人独立的一种表现,而传统的封建意识形态是不允许个人独立自主的。男女自由恋爱,显然是违反了封建伦理教条的。但是,元稹的《会真记》却非常明确地书写了一对青年男女的爱情故事。至于《水浒传》这样的小说,根本就是在歌颂反抗,歌颂直接起来反抗封建王朝的造反者,从意识形态角度,更是为封建王朝所不允许的。但是,这些小说能够出现,其实也正说明了作为未被授权的话

---

① 贺兰特·凯查杜里安:《人类性学基础——性学观止》,李洪宽等译,农村读物出版社,1989,第1页。

语,小说获得了极大的自由空间。而这种相对宽广的自由空间,相对大的自由度,也正让小说焕发出了勃勃生机。

失去自由精神的小说,往往就会失去自己最动人的魅力,失去自身打动人心的力量,从而失去小说之魂。近现代以来,随着小说的重要性日渐为民众、为官方所了解——如梁启超为了推行新思想就高呼,"欲新一国之民,不可不先新一国之小说",小说也日渐被官方重视,甚至被视作官方意识形态宣传的工具。于是我们便可以发现一个有趣的现象,在官方意识形态对小说高度关注、干涉的时候,小说往往是最失魂落魄的。即便是作家们自身把一种实用的精神放置到小说艺术本身之上之后,那这小说家也一定难于创造出独特、富有创造精神、富有感染力的小说。所以,梁启超鼓吹小说的作用,力图把小说用于传播新思想,还身体力行地写了小说《新中国未来记》,可是,或许因为梁氏本身就不是小说家,当然,肯定也和他先验地把传播内容放置到小说艺术之上有关,这部小说就非常失败。正如罗伯-格里耶所说的:"确实,从革命的观点来看,一切都应该直接促进最后目标的实现:无产阶级的解放……一切,包括文学、绘画,等等。但是,对艺术家来说正相反,尽管他有着最坚定的政治信仰,尽管他甚至有着积极分子的善良愿望,艺术不能简化为一种工具,使用于一个超越了其范畴的事业,哪怕这是一个最正义的事业,最令人振奋的事业；艺术家不把任何东西放在他工作之上，他很快就发现，他只能为了乌有而创造；外界最微小的指令都使他瘫痪，对说教的最细小的关注，或者仅仅对意义的最细小的关注，对于他都是一种无法忍受的为难；不管他跟从什么党派，也不管他追随什么样的思想，在创作的瞬间，他只能回到艺术的问题上来。"①显然，失去了自由精神的小说注定会失魂落魄，失去打动人心的力量。反观几千年来小说的发展，从传统的小说到现代意义上的小说，其实，也正是在自由精神的鼓舞之下，小说这种文体不断自我更新，迈向新的高度。

二

虽然极权是小说的天敌，但是从小说的历史来看，更多时候让小说陷入僵化，失去自由精神的，不是外部的极权，而是来自作家内部的自我阉割。文学是有传承的，弗莱的《批评的解剖》从整体上把握了文学类型的共性及其演变规律，他发现文学作品都是相互关联的，所以，看似单个的著作，其实也体现了人类集体的文学想象。而且，文学作品又往往表现为一些相当有限而且不断重复的模式。传承对于文学、对于小说

---

① 阿兰·罗伯-格里耶：《为了一种新小说》，余中先译，湖南文艺出版社，2011，第43页。

来说,是有价值的。毫无疑问,有价值的文学创作,有意义的文学模式理应通过文学的传承流传下来。但是,这种传承的副作用也是显而易见的,那就是容易把后人桎梏在前人的模式之中,最终扼杀后来人的创造力。所以,具有自由精神的小说创作理应是在汲取有价值文学传统的基础上,时刻保持着创造的动力。可是,现在的问题是,保守的精神太过于强大,以至于它随时都在扼杀着小说自由的精神。法国新小说家阿兰-罗伯-格里耶曾经谈到过这僵化的认知对于小说创造的影响:

自由至少应该是可能的,然而不幸,它并非如此。每时每刻,文化的边缘(心理学、道德、形而上学,等等)前来加到事物的头上,为它们带来一种不那么陌生的、更可理解、更令人安心的面貌。有时候,这一掩饰是那么的彻底:一个举动从我们的头脑中被抹却,而代之以可能会导致举动诞生的假设的激情,我们会记得,一片风景很"肃穆"或很"宁静",却不能说出它的任何一个线条,任何一个基本因素。我们甚至会立即想到:"这是文学",我们并不试图反叛,我们习惯于这一文学(它已经变成了一个贬义词)起着五颜六色的窗玻璃前一道栅栏的作用,把我们的感觉场分解为一个个小小的可同化的方格。①

罗伯－格里耶指出了固化的认知对于小说创作的巨大影响,或者说,巨大的桎梏。我们面临这个世界的时候,我们面临的不是世界的本身,而是我们早已在我们头脑中打下深深烙印的关于这个世界的认知。于是接下来,我们头脑中关于这个世界的认知毫不留情地阻碍了我们去认知这个世界,我们只会记得,一片风景很"肃穆"或者"宁静",但是却不能把这片风景的具体情状做出清晰、形象的描述。既往的文学,已经把我们的感觉场给固定化了。世界在我们面前已经没有了新鲜的东西。

显然,在很多时候,写作者看似是自由的,但是,他所接受的文化、知识等,无时无刻不在影响着他对这个世界的认知。当我们读完了众多哲学家关于这个世界的认知的时候,面对这个世界,我们可能就会先验地形成某个观点,比如说人生是荒诞的,世界是荒诞的,或者说人生是有意义的,等等。但是,正如罗伯－格里耶所说的:"世界既不是有意义的,也不是荒诞的。它存在着,仅此而已。而这,这正是它最值得注意的地方。"②显然,僵化无所不在,让自己保持自由其实是极难的,

---

① 阿兰·罗伯－格里耶:《为了一种新小说》,余中先译,湖南文艺出版社,2011,第21页。

② 阿兰·罗伯－格里耶:《为了一种新小说》,余中先译,湖南文艺出版社,2011,第22页。

因为我们既往习得的知识、文化会无时无刻不在影响着我们对这个世界的认知,遮盖我们对这个世界做出独特的、自己的探索。这有些类似于佛家所谓的"所知障"。不过,今天阅读我们的文学作品,你会发现,固化的小说模式、文学模式几乎无处不在,这也显示,今天很多作家的书写其实是不自由的,当然,在这种状态下写出的小说也肯定缺乏自由精神的飞翔。这种模式化写作的病象具体表现有很多,比如说很多作家的小说中大量使用成语、固定俗语,等等。或许在作家本人看来,在作品中大量使用成语、固定俗语是有文化、有才华的象征,但是他们不知道,自由的感觉应该是细微而独特的,而这些固定俗语、成语只不过是把大众的统一的感觉概括了一下而已,这种概括,必然是以牺牲个体独特而细微的感觉为代价的。所以,这种对于成语、固定俗语的运用,不是作家才华的体现,而正是作家缺少自由精神,缺少独特感知力的表现。还有很多作家,热衷于模仿成熟作家的某些相对成功的写作模式,比如前些年中国众多小小说作家对欧·亨利式结尾的模仿便是如此。因为欧·亨利的小说结尾往往出人意料,但是又属于"意料之外,情理之中",极富戏剧性的张力,于是,引发了众多作家的追捧、模仿。结果,导致一段时间内,很多小小说都以出人意料的结尾反转作为结束。在此时的小小说作家们笔下,世界突然变得奇妙了很多。

固化认知模式最大的危害是对想象力的桎梏和扼杀。当然,缺乏想象力,在我看来,也是当下小说最大的问题。小说是文字的艺术,也是想象力的艺术,缺少了想象力的小说就像失去翅膀的小鸟,无法再自由地飞翔。伟大的作品,都是想象力自由飞翔的作品。比如广为众多大作家所称道的胡安·鲁尔福的《佩德罗·巴拉莫》,引发了整个拉美文学的爆炸,在这个不厚的小册子中,鬼魂和人没有界限,鬼魂在诉说往事,世界上的时间失去了意义,阴阳分隔也失去了意义。小说完全给我们呈现出一个和我们生存的世界截然不同的世界。这就是作家的伟大的想象力。还有,马尔克斯的伟大作品《百年孤独》更是一部想象力自由飞翔的杰作,小说的整体构架是想象力自由飞翔的结果,小说中很多精彩的细节,也都呈现出作家自由、丰富的想象力。我们看一下小说第一段的一些精彩描写吧:

> 他拽着两块铁锭挨家串户地走着,大伙儿惊异地看到铁锅、铁盆、铁钳、小铁炉纷纷从原地落下,木板因铁钉和螺钉没命地挣脱出来而嘎嘎作响,甚至连那些遗失很久的东西,居然从人们寻找多遍的地方钻了出来,成群结队地跟在墨尔基阿德斯那两块魔铁后面乱滚。①

---

① 加西亚·马尔克斯:《百年孤独》,黄锦炎译,南海出版公司,2001,第1页。

是的，马尔克斯描述的是磁铁。但是，我从来没有见到过如此疯狂的磁铁，如此疯狂的富有想象力的对磁铁的描写。这就是伟大作品的伟大之处。当然，马尔克斯豪放不羁的想象力显然并没有止于此处，小说中他写奥雷良诺第二饲养的牲畜不停地疯狂繁殖，以至于一夜之间"院子的地上铺了一层兔子，晨光熹微中一片青蓝色"。神志不清的霍塞·阿卡迪奥·布恩地亚长期在栗树下"获得了一种随意增加体重的本领"，他死的时候"天上正像下小雨似的落下许多小黄花"，小黄花"盖满了屋顶，堵住了门口，闷死了睡在露天的动物"。最荒诞的莫过于尼卡诺尔神甫在喝了一杯冒着热气的巧克力浓茶后竟然离地升起了十二厘米。小说中对俏姑娘雷梅苔丝的升天的描写也富有想象力："菲南达觉得有一阵发光的微风把床单从她手中吹起，并把它完全展开。阿玛兰塔感到衬裙的花边也在神秘地飘动，她想抓住床单不致掉下去，就在这时，俏姑娘雷梅苔丝开始向上飞升。……床单令人目眩地扑扇着和她一起飞升，同她一起渐渐离开了布满金龟子和大丽花的天空，穿过了刚过下午四点钟的空间，同她一起永远地消失在太空之中，连人们记忆所及的、飞得最高的鸟儿也赶不上。"伟大的、自由不羁的想象力成就了《百年孤独》，也成就了马尔克斯。莫言也是一个有着豪放不羁想象力的作家，他发表于1986年的小说《红高粱家族》完全突破了既往的关于革命历史的叙述,呈现出全新的历史面貌。这部小说能够入选《亚洲周刊》评选的20世纪中文小说"百年百强",能够成为英美学界重要期刊《今日世界文学》评选的75年来全世界40部杰作中的唯一一部中文小说,显然和这部小说中呈现出来的雄奇、丰富的想象力有关。在我看来,进入新世纪之后的莫言的创作相比较他之前的作品,其实是有明显的下降的。比如获得茅盾文学奖的长篇小说《蛙》,在我看来,显然远远不如莫言之前的《红高粱》《丰乳肥臀》《檀香刑》等小说,其中最为重要的区别,便是想象力的衰退。

当代小说的问题,在我看来,一定程度上,和作家想象力的不够有关。在当下这样一个发达传媒时代,社会资讯传媒的发达会带来一个问题,即经验的同质化。在全球化社会中,大众经验的同质化极其严重。发达的大众传媒能够把发生在世界各地的事情第一时间用图像、视频及文字传递到信息平台上。高度依赖媒介信息来了解世界的我们就这样获得了和别人一样的关于世界的知识。在这样的背景下,作家的写作如何能够凸显出自己的特色?凸显自己的特色需要有独特的想象力,有独特的观察社会、表达社会的方式。现在的问题是,众多作家深深被桎梏在了社会既往的经验以及相关表述之中,这样导致的一个后果就是,作家们看上去是自由的,是可以独立、自由思考的,但是,由于他们深陷于既往的经验、同质化的经验之中而不自知,导致他们的作品过于写实,缺少独特、自由的想象力,也就缺乏了超越社会表象的能力。著名作家李佩甫曾经讲过两个真实的案例,都和网络对人的影响有关。故事一:有一个年轻人,痴迷于网络游戏,于是就不管不顾其他事情,甚至连吃饭、休息都顾不得,只顾去玩自己的游戏。最终导致面黄肌瘦,身体垮掉而死亡。但是在死亡之前,这个年轻人说:"真有意思啊!"故事二:一个年轻人,痴迷网络游戏,吃住在网吧中打游戏。有一天,钱用完了,回家找父亲要钱。对孩子的这种状况,父亲心痛,拒绝给钱,恼怒之下的孩子,拿刀捅死了自己的父亲。而父亲在临死前,告诉自己的孩子,钱在家里某个地方,让孩子拿上钱,赶紧逃走。李佩甫讲完故事后的感慨是,如果有作家能在类似的事件发生之前先在小说中想象出、创作出这样的场景,是多么好啊。李佩甫后来在他的长篇小说《平原客》中虚构了一个类似于上面第一个故事的场景,呈现了网络时代娱乐化对人的严重的侵蚀。不过,遗憾的是,这样的故事场景不是首先由作家想象出来的,而是作家对现实事例的改写。的确,今天世界的五花八门借助发达的媒介便捷地呈现在了我们面前。这客观上是作家写作面临的一个严重挑战。但是,当我们感慨世界的丰富多彩,叹息小说表达的单一的时候,显然我们更应该思考的是,作家的想象力为什么不可以超越这个时代的五彩斑斓?

任何有创造力的时代,有创造力的民族,一定都会有创造力的想象。在中华文化的轴心时代,春秋战国时期,出现了很多影响世界的大哲学家、文学家,也出现了很多惊人的想象力表述,比如庄子的《逍遥游》就呈现了雄奇的想象力:"北冥有鱼,其名为鲲。鲲之大,不知其几千里也;化而为鸟,其名为鹏,鹏之背,不知其几千里也;怒而飞,其翼若垂天之云……鹏之徙于南冥也,水击三千里,抟扶摇而上者九万里……"显然,庄子的想象力是一种狂放的想象力,这也代表了当时中国文人、哲学家的自由、狂放的精神,这也代表了当时中国的精神。可以说,小说是一个民族想象力、精神力的重要表征,那么,当小说失去想象力的时候,它就不仅仅是想象力的问题了,它还表明着这个时代自由精神的匮乏。

三

1969年,德国的古根海姆博物馆举办了一系列"艺术的未来"讲座,邀请西方各学科的知名学者对艺术的未来进行讨论,正是在这次会议上,法兰克福学派的代表人物马尔库塞提出了他的著名的关于艺术的观点,他认为,艺术的本质不是沟通和认同,而是反叛、激情、对自由的渴望。艺术的基本功能是对现存状态的批判,对现行秩序的拒绝。米兰·昆德拉也表达过类似的观点:"对我来说,成为小说家不仅仅是在实践某一种'文学体裁';这也是一种态度,一种睿智,一种立场;一种排除了任何同化于某种政治、某种宗教、某种意识形态、某种伦理道德、某个集体的立场;一种有意识的、固执的、狂怒的不同化,不是作为逃逸或被动,而是作为抵抗、反叛、挑战。"①马尔库塞和昆德拉对小说艺术的本质定义或许有不妥之处,但是,这两位显然在强调,小说家的写作并不是一件很简单的事情,不是仅仅讲述一个故事,而是要讲述出有思想的故事。要表现出对现行秩序的拒绝,对现存状态的批判,叙事者必须对现行秩序、现存状态有着超出一般人的理解,能够对现存秩序背后的问题得出精辟的结论,而这,恰巧是一般讲故事的人所无法做到的。而且,就马尔库塞对艺术的定义来说,明显具有精英主义色彩,也就是说,小说艺术在某种程度上是文化精英的艺术——一般读者可能根本就无法理解,或者没有兴趣关注对现存状态的批判。这一点恰恰也是小说日渐脱离大众而为大众所诟病的根本原因所在。马尔库塞的观点并非没有批评者,事实上,就是在这同一次会议上,历史学家汤因比就激烈批评了艺术的小圈子状况,批评了乔伊斯、艾略特这些作家,指出艺术应该强调沟通的价值。或者汤因比和马尔库塞

---

① 米兰·昆德拉:《被背叛的遗嘱》,余中先译,上海译文出版社,2003,第 164 页。

的观点都有其合理之处,但是,就时代的发展来看,在我看来,强调小说的自由精神,强调小说对自由的表达和渴望,对于我们这个时代来说有着极其重要的价值和意义。或者,在今天这个时代,我们必须强调,艺术的本质,小说的本质,就是自由。

小说当然可以强调爱、温暖,强调沟通的价值,但是,有一个前提,即便主题是强调沟通的价值,小说也必须是在自由的精神之下运行的。瓦特在他的名著《小说的兴起》中把现代小说的起源上溯到笛福、理查逊等作家。正是在这些作家的作品中,从小说选材的来源等方面,出现了现代小说特有的特质。阅读这些小说,比如笛福的名作《鲁滨逊漂流记》等,我们会发现,在这些小说中,很难说作家有意识地表达对自由、反叛的激情,或者表达对现存秩序的反抗等。相反,在《鲁滨逊漂流记》中还有明显的对殖民者的美化,这个显然和对自由的呼吁无关。但是,我们也必须发现这部小说中所体现出的自由的精神:作家的创作仅仅是根据一段某一个水手在孤岛上生活几年之后被一个船只发现,并救回现代社会的新闻而生发、完成的。这个创作的过程,就是作家自由的想象力不羁发挥的结果。也就是说,笛福的创作,不是被动的创作,而是自由的、自主的创作,由此,《鲁宾逊漂流记》才具有打动人心的艺术魅力。

一般而言，我们显然不能把小说主题限定为某一个或几个特殊的方面，如果这样限定的话，显然是另外一种僵化。而且，小说、文学表达各种丰富的主题也并无不妥，小说一样可以表达爱和温暖，表达对体制的认同，等等。换言之，小说在很多时候和主流意识形态完全一致也是完全没有问题的。比如在抗战时期，中国现代文学很多表达对侵略者的愤怒和批判，这当然不是对国家主流意识形态的疏离和反叛，而且也一样产生了很大的影响。但是，前提是，作家创作的精神是自由的。而且，进入发达工业社会之后，社会文化发生了重大变化，在马尔库塞看来，进入发达工业社会之后，文化、文学的反叛性、异质性消失了，完全成了社会团结的工具，这个时代，发达的商业、传媒有效地把原本具有异质性的文学、文化给同化了。在传统文学中原本具有破坏性的角色，比如"艺术家、娼妓、姘妇、主犯、大流氓、斗士、反叛诗人、恶棍和小丑"，在发达工业时代的文学作品中，"都起着一种与其文化前身不同，甚至相反的作用。他们不再想象另一种生活方式，而是想象同一生活方式的不同类型或畸形，他们是对已确立制度的肯定而不是否定"。① 也就是说，在发达工业时代，商业文化的强大，已经在很大程度上消灭了传统文学中的异质性因素。与

---

① 赫伯特·马尔库塞：《单向度的人》，刘继译，上海译文出版社，2006，第54—55页。

此同时,爱、温暖等种种有利于主流价值理念的维护的主题在发达工业时代得到了极大的发展,被商业文明裹挟。不信的话,可以看一下我们的电视屏幕,种种庸俗的、言情的幸福观念在对观众的思想进行冲击。在这样的情况下,跟随大众传媒去书写爱、幸福等主题,也无法凸显出小说的独特价值。更重要的是,书写这些主题的作家,很有可能已经被大众文化给同化了,失去了自己的独立立场和自由精神。对我们来说,当我们都日渐丧失否定性能力和反思能力的时候,这个社会也将失去反思的力量,最终出现问题。作为艺术,文学作品当然也可以不指向反思和批判,可以表现温情,表现社会的美好等,甚至让人感动到流泪。但是在我们今天这个时代,当商业文艺已经起到了这样的作用的时候,当整个社会都在宣传这些价值的时候,小说如果从众也去表现这些,那么,小说、艺术的自由精神显然就是可疑的。

而且,随着现代传媒技术的发展,随着发达传媒时代的到来,小说的外部生态又发生了重大变化。现代传媒的发达导致信息传递加速,使得信息开始充斥人们的生活。无所不在的传媒、信息在无意中对社会人构成了全方位的价值诱导,使得生活在这个社会上的人深陷在这个时代相关传媒的价值宣传之中,而失去自我对这个时代最本真的触摸、理解能力。另外,特别是后工业时代的到来,大量的艺术的复制品开始出现,也导致当下人的娱乐方式日益多样化。在这样的情况下,整个世界陷入了尼尔·波兹曼所谓的"娱乐至死"的境况之中。这种"娱乐至死",就其本质而言,其实是另外一种形式的专制。它不是如奥威尔《一九八四》所描述的那种老大哥式的专制,而是如赫胥黎的《美丽新世界》所表现的那样,通过让大众沉溺于娱乐,进而让大众陷入某种形式的专制之中。换言之,今天社会给大众提供的丰富的娱乐方式、消遣方式,其实是另外一种形式的专制,是通过让大众心甘情愿钻进某种圈套而进行的专制。这是另外一种形式的铁屋子。对于这种专制,李洱曾做过一段精彩的分析,他说:

> 当然不是说,在这样的一个由媒体控制的娱乐时代,我们就没有痛苦了。痛苦还是有的,但很多时候我们体验到的痛苦,是一种受大众传媒影响之后的痛苦,一种很新型的、听上去好像还有点别致的痛苦。比如说,如果说以前女人的痛苦,可能是易卜生笔下娜拉式的痛苦:娜拉到底是走出去呢,还是继续待在家里?出走之后是重新回来,还是继续待在外面?如果要待在外面,又会干什么呢?这是女人的痛苦。那么,现在呢?如果说她们已经从那种老式的痛苦中解放了出来,从棍棒、老虎凳,从大男子主义的淫威下解放了出来的话,那么她们现在则进入了一种新的痛苦——一种面对镜子时的痛苦:我为什

么没有章子怡那么漂亮,没有张曼玉那样的身材?章子怡用什么化妆品,本姑娘也得用什么化妆品,张曼玉在电视里穿什么样的旗袍,姑奶奶也要穿什么样的旗袍。于是,一种作为整体的女人形象,一个整体的人的形象,就此瓦解。女人从一种专制进入了另一种专制。当然这不仅仅是女人的问题了,男人遇到的问题同样严重,或许更为严重。而这种专制,无疑是大众传媒提供给我们的。①

当女人们为自己身材发胖而不断痛苦的时候,当女性因为不能使用上和章子怡一样的化妆品而痛苦的时候,我们就会发现,显然,大众传媒通过塑造一种正常的、优美的女性形象这种方式,已经牢牢控制住了女人。这当然也是一种专制。而且,生活在今天这个发达传媒时代的人会发现,专制无处不在,并非仅仅针对女人,比如大众传媒不断给我们强调成功男士应该拥有什么样的生活,小朋友应该吃什么样的零食,等等,都是在构成专制。也就是说,在发达传媒社会中,我们都有失去自己的危险——大众传媒无所不在的话语编出的庞大的话语织体已经牢牢地把我们每一个人都笼罩进去,这导致我们每一个人在大众传媒话语的软性专制之中无法对自己有一个清晰的认知,甚至不知道自己真正的痛苦在什么地方。

---

① 李洱:《传媒时代的小说虚构——李洱在上海市作协的演讲》,《解放日报》2008年2月10日第7版。

正如同上文所分析的那样,当女人在发达传媒社会中产生一种全社会普遍的面对镜子的痛苦的时候,作为个体的最真实的痛苦都已经被这个大众传媒营构的虚假痛苦所掩盖,我们都失去了认知自己个体独特痛苦的能力。所有这些,都开始对小说的价值、意义提出了一种新的要求。在这样一个时代,小说要呈现出自己的精神的自由,就必须呈现出对这个时代专制的反叛。换言之,在当下这个娱乐至死的时代,致力于娱乐的小说或者在娱乐方面或许还有其价值,但是就文学的严肃意义来说,它已经失去了自己的价值。因为,这些小说无法引导这个时代的人关注自己的生存,关注人的存在的被遗忘的状态,无法对这个时代做出自己有价值的回应。在这个意义上,马尔库塞的关于艺术的定义非常的有价值。这也就要求想要创作出有价值作品的作家必须具有思想的自觉,具有自由的精神。

　　自由精神的张扬及思想的深刻不是这个时代作家成功的唯一条件,但却是必要条件。一个不争的事实是,自西方现代主义小说兴起以来,蜚声世界被尊为经典的文学作品的重要品质不是讲述一个曲折动人的故事,或者歌颂爱与美好,而是强调对人的生存境地做出深入探索,呈现出反叛、激情,以及对自由的渴望,比如卡夫卡对人的存在的深刻的探讨,比如马尔克斯对拉丁美洲百年孤独的描述,比如略萨对拉美专制政权的批判，比如赫塔·米勒对自由的渴望和对专制充满恐惧与愤怒的批判，无不如此。赫塔·米勒的诺贝尔奖获奖演说《你带手绢了吗？》关涉到历史、亲情、友谊、羞耻和尊严，但是在这些字眼下面，有一个最关键的、独一无二的词汇，那就是自由。略萨从他早期的《城市与狗》开始，就一直执着地批判政府的专制，他也因此而成为蜚声世界的大作家。独立自由精神已经成为这个时代作家的最重要品质之一。只有深入思考，有着思想自觉的人，才不会在这个众声喧哗的时代中人云亦云、鹦鹉学舌，才有能力超越这个时代的种种确定性话语的诱导，实现自己对这个世界的真实的触摸，提供出自己最本真的关于生活、关于人的存在的理解。

显然，作家在下笔之前，必须考虑清楚自己为什么写作。这是因为，在当代传媒极度发达的情况下，虚构的文字很大程度上已经失去了市场。所以，作家的小说写作，不再是说因为有一点生活的小感悟，渴望表达就可以去书写。事实上，当作家决定写小说的时候，前提一定是，这个东西，只能用小说表达，其他的文体无法把作家的认知、想法淋漓尽致地表现出来。而且，更为重要的是，你所书写的东西，是你独立思考的结果，在某种程度上是较少或者没有受到社会主流思想影响的自由思想的表达，能够给这个社会提供相比较社会主流思想而言具有异质性的东西，从而能帮助读者认知到世界被遮蔽的部分。这其实都是在强调作家写必须有独立自由的思想。就当下状况来看,意识到独立自由的思想能力和小说写作之间的关系的作家并不太多,很多作家是出于生活的感悟,在有着强烈的倾诉欲望的情况下,开始了写作。他们也往往就把写作理解成是对自己生活感悟的一种表达。普通的生活感悟表达与思想深刻的写作有着质的不同。普通的生活感悟可能会让读者会心一笑,或者引发读者"于我心有戚戚焉"的感觉,而思想深刻的写作却能够给读者提供社会问题的另外一种看法,能够帮助读者以一种新的视角、新的眼光来重新认知这个世界。缺乏思想性是当代众多中国作家流于平庸的原因之一。

当然,我们强调小说的否定性,强调小说的抵抗和反叛的特质,不是说只有书写这样的主题才有价值,也不是强调小说书写必须对主流意识形态进行批判或者反抗。而是说,小说文本的主题可能是多元的,但是其中一定要有自觉的对自由的表达,对僵化观念的反叛。其实,小说的否定性特质、反叛的特质只不过是小说自由精神的某一种表现而已。比如歌德的《少年维特之烦恼》,小说的故事主线描述的是少年维特与绿蒂的爱情,但是小说却呈现了对当时封建等级观念,对小市民意识等狭隘思想的批判,这当然也表现出了对自由的向往和认同。事实上,小说否定和反叛的特质的表达,不一定要求叙事者一开始就旗帜鲜明地表达对某种观念的批判或者否定——这不是小说,而是论文或者檄文。小说是艺术,是借助艺术形象、艺术故事表达作家对社会的认知,而且,小说的反叛性不一定要指向当下,也可以指向过去。乔叶的《认罪书》显然借鉴,或者说汲取了汉娜·阿伦特所提出的"平庸之恶"的理念,在小说中,把"平庸之恶"中人性的冷酷和自私一览无余地呈现出来。这个小说重点是在进行人性反思,但是,依然表达的是反叛、激情和对自由的渴望——毫无疑问,人性之恶正是对人自由的扼杀。田中禾的《父亲和她们》,在我看来,更是集中体现了马尔库塞对于艺术的定义"对现存状态的批判,对现行秩序的拒绝,对自由的渴望"。

《父亲和她们》通过娘、母亲、父亲三个人的交叉叙述,为我们重新展现了父亲这一代人的命运。小说中的父亲因为逃避包办婚姻而参加革命,成为英勇的战士,可是最终革命成功之后,却因为出身问题而无法娶自己当初喜欢的女子,而一个富有悖论性的命题是,当年他逃婚的对象在出身上却更符合他娶妻的革命身份要求,并且父亲最终也是在这个女子的庇护下才度过了苦难的年代,最终也和自己当年逃婚的对象生活在了一起。父亲最终从一个秩序的背叛者变成了一个秩序的自觉拥护者。小说意蕴丰富,几十万字的篇幅中,既浓缩了父亲这代人的悲剧性命运,同时,也展示了作家诸多的复杂的思考,比如,对革命青年参加革命的原动力的重新思考(超越了传统革命历史小说的压迫——反抗叙事模式及新历史小说的偶然论模式,指出了青年参加革命是因为革命为青年们的生活挫败感提供了一整套的"剩余能指",从而给青年找到了反抗的意义);对革命话语是如何压倒血缘话语的重新思考(超越了传统革命小说的家—国二元对立模式,指出话语对人强大的塑造作用);对中国人奴性形成的思考,等等。毫无疑问,《父亲和她们》对几十年前的中国历史,对这一代人的命运进行了全面的思考,呈现了这一代人的自由精神是如何渐渐被剥夺的,体现了作家对这一系列社会历史问题的独到的认知。毫无疑问,这部书体现了田中禾思想的深度、思考的深入,当然,这也是这部书在这个众声喧哗的时代能够引起众人注意的原因所在。

显然,在当下这个时代,当商业文明统辖一切的时候,当商业文化借助发达传媒从而使得自己的影响力无远弗届的时候,这个社会已经日渐失去了反思的能力,种种声音都在遮盖着世界的某些本相,这个社会中的很多人失去了自由独立思考的能力。这在某种程度上是我们这个世界的悲哀,也是生活在这个时代的人的悲哀,但是,这同时也强调了小说的某种特殊价值——在这样的时代,在这样的社会状况之下,我们更需要具有自由精神的小说表达出反叛、激情等异质性的因素，从而让我们能够从另外一个高度俯瞰这个社会，俯瞰这时代的精神。

第二章　发现的意义

毫无疑问，在电子媒介时代，小说遭遇到了前所未有的困境。虽然作为艺术的小说在任何时代都面临着存在、发展的困境，但是，在电子媒介时代，在这样一个现代资讯传播加速的时代，在当下这样一个娱乐泛化、娱乐至死的时代，小说所面临的困境，还是一览无余的。如前一章所说，在某种意义上，现代小说是印刷时代的产物，也在这个时代得到了充分的发展。那么，进入电子媒介时代之后呢，小说的价值又在什么地方？

在我看来，对于小说的嬗变这样一个问题，必须放置到整个现代艺术转变的大背景下来考察。正如传统所谓一时代有一时代的文学，唐诗宋词元曲明清小说，在不同的时代，不同的艺术种类各领风骚。小说的存在、发展，显然也必须考虑到时代转变的因素。就目前的状况来看，时代已经发生了重大变化,在这样的境况下,小说如果还要存在,还要具有重要价值,就必须随之发生改变。时代非常重要的变化是生活的艺术化,或者说,艺术的生活化。1917年,法国艺术家杜尚把一个男性小便池匿名送到美国独立艺术家展览会上展出,并题名为"泉"。在2007年英国艺术界的一项评选中,杜尚的这个作品,居然还被评选为20世纪最富影响力的作品。杜尚这个作品的出现,以及这个作品产生重大影响的事实,其实都表明了时代的重要变化,或者说,时代和艺术之间的关系发生了革命性的变化。对于我们这个时代来说,艺术已经不再是高高在上的、脱离普通人的东西,而成了普通人生活中的司空见惯的东西。在我们这个时代,艺术已经泛化了。这种艺术的泛化和现代人艺术素质、文化素质的提高有密切的关联。在前现代时期,在大众艺术文化水准普遍比较低的情况下,艺术是一般人难以企及的,所以,传统的绘画、音乐及文学创作等都需要普通人付出很大的努力才能够完成。所以,此时对于普通民众来说,能把艺术品做到优美、真实,就颇为不易,那么,此时关于艺术的标准便是优美,以及能够表达出某种意境。但是,随着现代的到来,一方面,普通民众的文化、艺术素质不断提高;另一方面,现代技术的突破性发展,比如电影、电视、照相机等的发明,使得优美、相像这些原来的艺术标准变得容易。当所有人都可以拿起照相机随意拍照的时候,当很多人都可以随手写出一篇措辞优美的文章的时候,毋庸置疑,传统艺术必然面临转型。这是时代发展的必然。这种转型可能转向两个方向:杜尚的小便池,以及这个事件产生的重大影响,已经说明了现代艺术转型的一个方向,即艺术向生活的转型,也就是说,生活就是艺术,艺术就是生活本身,我们每一个人都可以成为生活中的艺术家。这是艺术的生活化,艺术的泛化。另外一个转向是艺术的高难度转向——艺术必须和普通人拉开距离,当普通人可以轻而易举地达到传统艺术家的高度的时候,那么,现在的艺术家必须能够表现出传统艺术家所没有的东西,所不能表现的东西,表现出普通人很难表现出的东西。于是,这就出现了现代艺术的转型。文学上的现代主义、后现代主义,绘画上的印象主义、立体主义等文艺、艺术思潮的产生,固然有多方面的原因,但是上述我所表述的,毋庸置疑,应该是最为重要的原因之一。这种转型在某种程度上似乎也给我们指明了小说未来努力的方向,或者说小说的价值能够存在的根本所在,那就是必须高度精英化、艺术化。

但是,这真的就是小说在我们这个时代的价值所在吗?绘画或许可以,因为虽然大众可能会在毕加索的《亚威农少女》《格尔尼卡》等绘画作品前茫然无措,但是这不会影响他们对这些画作顶礼膜拜。这些绘画因为作者创作的唯一性而使得它们具有了本雅明所谓的艺术的"光晕"。但是小说呢?小说是不可能存在所谓的艺术的光晕的——那只可能是书法作品。小说需要流传更为广泛，为更多人所接受，它只能靠大范围的传播才能够体现出自身的价值。而在当下这样一个电子媒介时代，发达的传媒资讯在消解小说的帮助民众认知社会、了解社会的功能，丰富多样的故事传媒，比如电影、电视及网络视频等，又在对小说既有的娱乐功能进行冲击，在这样的状况下，小说如何才能突破现代发达传媒的阻击产生更为广泛的影响力呢？毫无疑问，小说只有呈现出自身特有的质地，呈现出相比较其他媒介完全不同的独特的价值，才能在这个现代媒介影响力无远弗届的年代占据自己独特的位置。

一

卡夫卡的《城堡》描述了一个名叫K的土地测量员试图进入城堡，但是却始终无法进入的故事。K接到了城堡聘用他为徒弟测量员的通知后，连夜冒着大雪，来到了城堡附近的村庄。他原本打算在村庄里过夜之后就去城堡报到，不料，接下来的一切事情都完全出乎了他的意料。最终，城堡似乎就在眼前，但是他却无法进入。《审判》是卡夫卡另外一部代表性著作，小说中的约瑟夫.K"没干什么坏事，一天早晨却突然被捕了"。此时，他的人生开始进入一个荒唐的处境中：他虽然被捕了,但是他并没有丧失人身自由,还可以去上班,约会女朋友,甚至可以自主选择是否去法庭听审。而且,关于他的指控,他还可以选择不闻不问,还可以自由地选择三种形式的"无罪判决":"一种是真正宣判无罪,另一种是表面宣判无罪,第三种是无限期延期审判。"最终,这被宣判有罪的约瑟夫.K在经过了一系列莫名其妙的审判和自己一系列莫名其妙的努力之后,还是被莫名其妙地处决了。

卡夫卡这些充满着梦魇般情形的小说已经成了世界文学的精品,毫无疑问,这些小说为后来者留下了丰富的阐释空间。在传统的社会主义者看来,这些小说表现了资本主义时代的不自由,表现了资本主义对人的异化——因为卡夫卡的小说描述的都是资本主义时代的生活状况,而他的小说《变形记》则几乎就是对马克思主义所谓异化的完美阐释。在一些自由主义者看来,卡夫卡的小说可能和具体的意识形态没有关系,他表达了一种人类的可能性,这方面,最具有代表性的是昆德拉,他说:

>人们曾经试图把卡夫卡的小说解释成是对工业社会,对剥削、异化、资产阶级道德——一句话,对资本主义的批判。但是在卡夫卡的世界里几乎没有什么资本主义的要素:没有金钱或金钱至上,没有贸易,没有财产或所有者或阶级斗争。

"卡夫卡式的"与极权主义的定义也并不相符。在卡夫卡的小说里,既没有政党,也没有意识形态,它所使用的术语中既没有政治、警察,也没有军队。

所以,我们宁可说,"卡夫卡式的"代表着人类及其世界的一种基本可能性,一种并非受历史决定的可能性,一种或多或少永远伴随着人类的可能性。①

无论大家对卡夫卡小说的认知有什么样的不同,但是,显然都非常认同卡夫卡小说呈现出来的对世界的发现能力。卡夫卡的这些小说非常敏锐地把握了我们人类存在的某种可能的状况,在他去世几十年之后,他在小说中描述出来的这种梦魇式的悖论般的生活在世界上真实地发生了。但是,卡夫卡是那么内向、孤独,沉溺于艺术而对外部世界毫无兴趣,他怎么能发现这种社会历史的发展趋势呢?昆德拉发出了自己的疑问:"撇开故弄玄虚和传奇不谈,没有任何有价值的迹象表明卡夫卡有政治兴趣;在这个意义上,他有别于他所有布拉格的朋友……并且有别于所有自称知道历史的发展方向、耽溺于凭幻想勾勒未来面貌的先锋派作家。那么,怎么不是他们的作品,而是卡夫卡(他孤独、内向、沉浸于其生活和艺术)的作

---

① 米兰·昆德拉:《小说的艺术》,唐晓渡译,作家出版社,1993,第107页。

品,在今天被公认是社会政治的预言书……"①昆德拉的发现是,是家庭让卡夫卡产生了这种对社会惩罚的敏感。卡夫卡敏感、纤细,而父亲却强硬、能干,对卡夫卡也有着很高的要求。这样,父亲的教育带给卡夫卡"虚弱、缺乏自信心、负罪感"的性情,"卡夫卡写下却从未寄出的那封给他父亲的著名的信表明,正是从家庭内部,从孩子与被神化了的家长权力之间的关系中,卡夫卡获得了有关'惩罚技巧'的知识。后者成了他小说的一个突出主题"②。显然,卡夫卡并没有经历过他笔下的梦魇般的世界,但是,他的家庭生活,他父亲对他的教育,让他敏锐地对这另外一种存在状态有了独特的体察和发现。正是独特的伟大的发现能力,成就了卡夫卡,也成就了他的小说。

显然,从卡夫卡的生活经历及其小说的表达,我们可以得出一个初步的结论,发现意味着并非仅仅对现实生活进行如实描绘,而是意味着对生活可能性的体察,意味着可以从生活中寻找超越生活的某种规律性的东西。在很大程度上,对这种发现的表述也是自由的。由于小说是不被授权的文体,当

---

① 米兰·昆德拉:《小说的艺术》,唐晓渡译,作家出版社,1993,第108—109页。
② 米兰·昆德拉:《小说的艺术》,唐晓渡译,作家出版社,1993,第111页。

然,在一定程度上,也可以说是"可以不负责任"的文体,所以,马尔克斯笔下的俏姑娘才可以拉着床单飞起来,莫言笔下的西门闹(《生死疲劳》主人公)才可以几次转世为牛、驴、狗等,以动物的眼睛看着世界的变迁。小说家对社会、对人性的发现不一定要和社会一一严格对应,小说家的发现可以只表达出生活的某种可能性。在现实生活中,小说家的发现也许永远都不会发生,但是,它只要有这个发生的合理性、可能性就够了。小说家对生活可能性的发现不是要告诉读者和社会生活一一对应某些生活,而是能够让读者对自己的存在状态有一些新的理解。张宇的小说《软弱》描述的是他对人性的发现。小说的主人公于富贵是警界明星,全国知名的反扒能手,还是市公安局刑警大队的副大队长,从表面看,于富贵的人生是成功的,他应该以一副成功人士的形象出现在大家面前。可是,在小说中,于富贵在某些方面是极其卑微的,比如,虽然他是公安局刑警大队的副大队长,可是,好像没有多少警察对他有额外的尊敬,相反,多少还有些不屑;在家中,于富贵也没有太多的话语权,甚至,当他晚饭后没有出去,坐在沙发上和妻子、孩子一起看电视时,妻子、孩子就会很不习惯,催他出去——他在家中也已经被当作外人。所以,小说中的于富贵,在精神上,总是自卑的。当然,小说交代了于富贵精神自卑的原因——虽然他现在是城里人,是一个警察,可是,他是从乡下进城的。在城乡二元对立的时代，于富贵因为出身乡下，便自觉在精神上低城市人一等；虽然他现在是个警察，而且还是全国知名的反扒明星，但是，在警察内部也有一个不成文的共同认知——调查大案件、刑事案件的警察比抓小偷要重要得多，这样，于富贵也在警察内部体会不到被重视的感觉；虽然他现在是刑警大队的副大队长，可是这个职务并没有给他的家庭带来任何物质上的好处，而且，因为当反扒警察他经常出去转悠，所以，在妻子、孩子眼中，全国知名的反扒明星就是一个无法给家庭提供更多帮助的普通人。也就是说，一系列的人生遭遇，在一定程度上影响了于富贵的精神状态，在生活中的很多时候，他都是一个自卑的人。可是，小说写出，于富贵也有不自卑的时候，那就是抓小偷的时候。这样，于富贵的人生就呈现出非常有趣的两面，在面对小偷的时候，他充满职业自豪感，精神上的自我是极度高大，甚至是伟大的，在日常生活中，面对家人、同事的时候，他的精神是自卑的。所以，于富贵发现，自己非常需要小偷。没有小偷，他就没有了存在的价值。张宇由此提出了一个观点："软弱"——我们人的存在都是软弱的，都需要依靠某些东西支撑才能获得精神的强大。小说当然不是用于富贵一个人的经历来阐述这个观点，小说中的每一个人几乎都是软弱的。小说中的贼王秀才，因为反感黑道的腐败，想要金盆洗手，退出江湖。可是，在退出江湖之前,他公开挑战于富贵,在被于富贵盯上后,他宁愿跳楼自杀也不愿意被于富贵抓住。事后他说了为什么在退出江湖之前要公开挑战于富贵——因为他的位置,他不可能直接退出,兄弟们不会让他退出。他通过公开挑战反扒明星的方式,告诉兄弟们,自己失败,就退出江湖,就使得他的退出无懈可击,虽然差一点付出生命的代价。也就是说,身在黑道的贼王,也是不自由的,也是软弱的,也有很多无法放下的东西,比如"荣誉"。小说中于富贵的搭档王海,偶然结识了一个富家女安琪,两人产生了感情。可是,当两人感情越来越近的时候,矛盾也越来越突出,王海坚决反对安琪对他工作的任何干涉,比如建议他离开警察岗位,去她父亲的公司接班,等等。王海对安琪干涉他工作的拒绝,自然有他热爱警察这个工作的原因,但是,是不是也有他自己的软弱呢——在这样一个富家女面前,他只有坚守自己独特的东西才能让自己的精神不自卑。小说中春花的例子显然更为特别,从乡下进城打工的姑娘春花,被一个流氓欺骗,不仅失身,而且,不断被这个流氓敲诈钱财。王海挺身而出,帮助春花解决了这个问题。春花感激之下,自觉无以为报,遂想以身报恩,而且告诉王海,不需要王海承担任何责任。可是,王海拒绝了。被拒绝的春花以为,正是因为自己的身子被流氓弄脏了,所以,王海才拒绝自己的。于是,进城多年一直洁身自好的春花,在这一次精神上被严重打击了之后,她索性自暴自弃,做了暗娼。显然,让春花从一个普通打工妹到暗娼的转变的最直接的导火索就是王海对她的拒绝。这个拒绝,让她突然认识到了自己的身份是低下的,自己的身体已经不干净了。在这样的认知下,她一直坚守的洁身自好显然就失去了意义,从而导致了她的剧烈转变。显然,春花的堕落,正是因为她失去了精神的支撑。

从小说叙事看,《软弱》中的每一个人物都是需要精神支撑的,都是软弱的。人的精神都是软弱的,或许,这就是张宇在这部书中所要表达的对人性的发现。不过,对于张宇的发现,我们显然也没有在现实生活中去进行深究的必要——比如说,一个刑警大队的副大队长是否在平时生活中精神上会自卑,是否只有在面对小偷时才会扬眉吐气;一个姑娘是否会因为一个男子对她身体的拒绝就会转而自暴自弃沦落风尘。重点在于,张宇的这个发现,的确呈现了我们精神世界的某种可能性,让我们对自己的人性有一个新的思考。

对于小说来说,发现非常重要。新浪网的读者调查说明很多读者都把阅读小说视作认识社会人生的重要手段。这些读者,在小说中,想要读到的,就是作家对生活的发现。在印刷文化时代或者之前,小说对世态人情的描摹,在很大程度上就满足了读者认知社会人生的需求,但是在今天,在这样一个发达传媒时代,信息传递的便捷使得阅读小说的读者很难从一般的世态人情的描摹中满足认知社会人生的需求。某种程度上,当下发达的传媒在传递给大众丰富的媒介信息的同时,也阻碍了大众更为深刻地认知这个世界、社会。当下发达的传媒,已经使得当下每一个人都生活在了复杂多元的话语之中,今天困扰我们的问题不是知识匮乏,而是知识、消息过剩。在某种程度上,今天的媒介中的复杂的话语也呈现出熵增状态——信息量过于庞大和丰富,以至于最终生活在这个世界中的人无法从这庞大的信息量中脱身,而是被深埋其下。最终,反观我们的生活,除了一堆混乱的复杂的信息,似乎什么都无法留下。这庞大复杂的信息在帮助我们认知世界的同时,也在阻碍着我们认知世界。这样一个时代,对于小说来说,既是幸运,也是不幸。不幸的是,庞大的信息量,便捷流传的各种所谓真实的耸人听闻的故事阻碍了大众对小说的故事性的需求,而幸运的则是,越是这样一个时代,客观上越是需要小说的独特发现能力。在这样一个时代,小说、文学可以脱离种种所谓真实的新闻、伦理,等等。以作家的独特发现,去穿越各种被多重言语织体包裹的生活,呈现给读者更为本真的生活发现。当然,这客观上对作家也有了更高的要求,要求作家的写作不是对各种新闻媒介消息的堆积,而是作家独特的发现。小说应该是作家的独特发现,而不应该是作家对各种新闻的堆积,牢记这一点,对于小说非常重要,余华的两部作品之所以能蜚声文坛,在我看来就是因为牢记了这一点。《活着》是余华的代表作,也是迄今为止中国当代文坛的代表性作品,当然,这部作品也带给余华巨大的荣誉。的确,这部小说呈现了余华对世界的独特的发现。当他写到那个名叫富贵的老人在历经坎坷依然坚强活着,在亲人全部去世之后,依然能够和老牛相依为命,而在想象中把老牛当作自己所有死去的亲人的时候,一个关于我们生命存在的命题就已经呈现出来,活着就是活着。这就是余华对人的生命的重要发现。《第七天》是余华近年来的一部作品,这部号称是余华多年磨一剑的作品一面世就引发了争议,在一群评论家叫好的同时,更多的读者和评论者对它并不认可。之所以如此,显然和这部小说的质量有关,客观而言,《第七天》其实就是近年来各种网络新闻的合集,从这个小说中,我们无法发现作家对生活、世界的独特的认知,有的只是对媒体话语的模仿和重复。显然,发现,独特的发现,才是一部作品伟大生命力的源头所在。

  发现可以是对我们生活真相、生存本源的深入解析,这需要作家穿透生活的皮相,透过生活的表象看到生命的本质。当然,这就需要作家有对生活、对生命的深入思考。余华的《活着》之所以能大受欢迎,显然就是和作家对生活本真的发现有关。通过对富贵喧嚣而坎坷的生命的描述,余华直接指向了生命的本质,点出了他关于生命的理解,从而也带给我们关于生命本质的思考。刘震云的《一句顶一万句》也是指向生命存在状态反思的一部优秀作品,甚至可以称为杰出的著作。小说中的人始终处在奔走之中,上半部叫《出延津记》,下半部叫《回延津记》,从名字就可以看出,小说中的人物,一直在动。小说也浓墨重彩地讲述了小说中人物不断奔走的原因——找一个能说话的人。小说中的人都是孤独的。上部中的杨百顺在半个多世纪以前从杨家庄走出,走到县城,又走到宝鸡,在这个过程中,从杨百顺变成了杨摩西,又变成吴摩西,处于不停的行动之中,而促使他不停地行动的动力,就是找一个能说话的人。小说下半部中的牛爱国已经和杨百顺生活在完全不同的时代了,不过,这不同时代的人却有着共同的举动——牛爱国也是在不停地奔走,而且,牛爱国奔走的原因也和杨百顺一样,也是为了能找一个能说话的人。也就是说,时间过了几十年,国家、社会环境早已发生了重大变化,但是,生活在这不同社会环境中的人却有着共同的生命感觉——孤独。小说不仅仅描述了杨百顺、牛爱国的孤独,小说中的其他人,也都在寻找能和自己说话的人。这本书的构思和刘震云的外祖母生前给他讲的故事有关:"她有一个叔叔,一辈子没娶上老婆,跟家里的一头牛成了好朋友。有一天这头牛死了,叔叔三天没有说话。第四天凌晨,他离家出走了。四乡八镇都找遍了,所有的井也打捞了,不见叔叔的身影。"这个故事,对于一个普通的听众来说,可能更接近于一个传奇,或者更有甚者,可能会质疑这个叔叔的精神状况。的确,这是难以让人理解的一个事件:一个人,居然会因为一头牛的死亡而离开家乡,离开亲人,四处流浪。但是,在优秀的作家那里,这样的一个故事会促使他发现我们生活的另外一种状态,刘震云就是从这个故事中发现了我们生命存在的状态:当一个人因为一头牛的死亡而觉得自己熟悉的地方变得陌生且不值得留恋的话,那么,这个人在这个地方,应该是多么孤独的一种状态。这就是作家的发现。这种对生命的发现,喧嚣复杂的互联网、电子媒介信息不会传递给我们,在喧嚣便捷的电子媒介上,我们感受到的总是掩盖了内心孤独的热闹,我们总是在频繁地认识其他人、事,不停地和其他人互动,丰富多样的媒介信息即便把相关的,如刘震云听到的这个故事呈现给我们,我们也不会停下来去深思其中的深意——在这个喧嚣、快捷的年代中,似乎一切缓慢的沉思都成了一种愚蠢的举动。这样的消息,最多能耽误我们两分钟时间——阅读这个消息的时间,我们甚至都懒得去批判或者嘲笑故事中这个看似不正常的主人公。因为,还会有更耸人听闻的让人惊异的新闻在等着我们去阅读。

发现当然也可以是对我们日常生活的重新审视。美国作家卡佛曾经说过:"作家是用不着玩花招的,甚至也不用比谁都聪明。但他要有仁视平常事物而被惊得目瞪口呆的能力,哪怕可能因此受人嘲笑。"①这其实强调的就是作家的发现能力。作家也是世俗生活中的普通的生活者,他生活的状况和一般的读者相差不多。特别是在当下这样一个传媒发达的社会,各种奇事怪事都可以借助网络在第一时间传遍世界各地。此时,相对于普通读者,作家并没有独占新闻资源的权力。在这样的状况下,作家和非作家的重要的、首先的差别就应该是认知社会的能力,就是在面对同样的社会状况、同样的生活状况的时候,作家总是更加地敏感,总是能敏锐发现我们习焉不察的日常生活中的异质性的元素,并将之表现出来。卡佛的小说选材都没有特殊的地方,都是美国中下层蓝领的生存状况描述,但是,读完卡佛的小说,我们能从他选取的这些看似普通、日常的生活片段中发现独特的深意,他呈现的显然是作家独特的视角发现之后的生活和人。比如他的小说《当我们谈论爱情时我们在谈论什么》,小说是由两对夫妻的对话构成——"我们"这对夫妻和朋友梅尔夫妻,这两对夫妻一起聊爱情,梅尔在一开始非常义正词严地指责了他妻子过去的男友对她的暴力行为。可是在小说最后,梅尔却又在用暴力伤害自己前妻的幻想中获得愉悦。小说呈现了现代社会中人的两面性,当然,也可能是有意识的一面和无意识的一面——事

---

① 雷蒙德·卡佛:《论写作》,见《需要时,就给我电话》,于晓丹、廖世奇译,译林出版社,2012,第85页。

实上,小说中的梅尔似乎指向的就是我们每一个读者,因为我们似乎都习惯用双重标准来对待自己和他人,不过,在现实生活中,大多数人是看不到自己的两面性的。卡佛叙述的人或者事件原本就在生活中存在,但是都被我们忽略掉了,现在经过作家以独特的视角重新叙述之后,生活在我们面前呈现了它的另一面。当然,作家对生活的独特发现仅仅是发现而已,不是对生活的异想天开的发明,而就是发现。就如扬·斯卡采尔说的那样:"诗人不创造诗/诗在某地背后/它千秋万岁地等在那里/诗人不过是发现了它而已。"的确如此,生活一直存在,只不过被大家忽略了。诗人、作家的任务,就是带领大家,重新观照被自己忽略的生命和生活。

二

很多时候,作家的发现意味着对生活常规的某种打破,意味着对传统、僵化认识世界方式的一种重要突破,或者可以这样说,作家的发现,作品的独特发现,很多时候,是需要突破传统的固化的"超隐喻",话语的。"超隐喻"是藏策提出的一个很重要的概念:"'超隐喻'就是'超级'隐喻,或'过分'隐喻的意思。'超隐喻'是一种专制主义意识形态的编码,同时'超隐喻'也是一种'俗套',是一种特殊的意识形态的'俗套'。其往往是在'天理'与'人事'等项的'超隐喻'中,使'隐喻'不再是某种'修辞',而变为了不容置疑不可追问的'天理人伦'——'君君、臣臣、父父、子子',各安其位,不得僭越……"①简言之,所谓"超隐喻"其实就是生活中的一些话语,原本只是一种话语而已,但久而久之,这些话语渐渐由话语向价值规则转变,后来导致我们不能超越这些话语一步,最终,这些话语甚至会渗透到我们的话语系统中,无所不在地影响我们,最终也导致了我们的思想领域被禁锢。封建时代的"君君、臣臣、父父、子子"原本也是一种话语,是儒家提出的一种话语,但是随着这种话语被统治王朝接受、利用,久而久之,这套话语就构成了规则,它不再是国家强制的一种规则,而已经成了渗入我们民众血液中的,让民众自觉遵守的一套价值准则。当然,"君君、臣臣、父父、子子"这样的话语例子属于封建王朝一个极端的例子,便是在我们的日常生活中,其实也有很多话语,随着被固定化陈述的次数的增多,渐渐地就变成了一种固定化话语模式,这种固定化的话语模式反过来又影响我们的思维方式,使我们难以超越这种固定化话语模式。这也是一种"超隐喻"。优秀的文学作品,作家的独特发现,在很大程度上,都是会超越这些固定化的话语模式。当代很多优秀的文

---

① 藏策:《超隐喻与话语流变》,天津人民出版社,2006,"自序"第4页。

学作品都是通过对这种超隐喻话语的突破而呈现了对这个世界的独特的发现。比如在我们日常话语描述中,血亲关系显然是非常重要的,或者可以说是我们个体在世界上最为重要的关系。如果你自己的父母都和你不亲近了,那么,这个世界还有什么可留恋的呢?父母怎么会不爱自己的孩子呢?孩子怎么可能对自己的父母无动于衷呢?这种关系对我们是如此重要,以至于血亲关系已经被广泛地借用到其他关系的表述中,通过形容这些关系和血亲关系的想象,来强调这种关系的亲近。比如在我们的意识形态话语和日常话语体系中,母亲就经常被用来比喻国家、党,等等。之所以如此,便是因为血亲关系已经构成了一种"超隐喻",成为一种自明的对我们非常重要、非常亲密的关系。可是,很多小说却通过有意对这血亲关系的"超隐喻"地位的突破,去表达新的发现。卡夫卡的《变形记》就是对传统血亲"超隐喻"的一种突破。但是,《变形记》中,那个一觉醒来变成了一只甲虫的可怜的小业务员格里高尔在丧失劳动能力之后,很快就被自己的父母抛弃了,以至于他在死亡之后,全家人都松了一口气,终于摆脱了这个累赘了。通过这样的叙述,利益在亲人之间的作用被呈现出来。加缪小说《局外人》中的默尔索在自己母亲去世之后,根本无动于衷,世界的冷漠就是在这种个人的冷漠中被表现了。另外,像余华的《现实一种》等小说,都是通过有意对血亲关系这种"超隐喻"的突破,来呈现他们发现的这个世界的另外一面。

事实上,不仅仅是血亲关系,在我们日常生活中,有很多话语,随着被重复次数的增多,日渐成了不可触碰的现代"超隐喻"话语,以至于我们很多人很难自觉突破这些话语模式。比如邵丽的小说《人民政府爱人民》描述了一个关于上访的故事。由于家庭贫困,少女李童考上大学之后,没有能力支付学费,她的父亲老驴没有想到应该自己努力挣钱——他其实就是一个没有能力而把日子过得一团糟的人,他已经习惯了有困难找政府——去找县长,申请救助。在县长拒绝了老驴的救助要求之后,李童就外出了,而且一走再也没有回来,失踪了。之后,老驴就开始上访,要求政府赔他的女儿。因为国家政策对官员的政绩要求和上访密切相关,于是接下来县里就开始疲于奔命地解决老驴的上访问题。小说中负责这个工作的老刘县长刚从手术台上下来就奉命进京,把上访的老驴拉回来。小说写到,在做这些事情的时候,他固然有对老驴的考虑,也有做好自己工作,争取再干一届的考虑……可以说,这部小说中邵丽塑造的这些官员形象既不同于官方主流意识形态宣传的大公无私的公仆形象,也不同于民间的贪污腐化分子形象,在讲述一个个民间段子、好玩儿故事的同时,邵丽有效规避了种种社会主流话语对小说语言的干扰,讲述了作家自己对官员群体的发现和认知。

之所以说这个官员形象的塑造体现了邵丽对生活的发现，一封非常有意思的读者来信可以说明这一点。这封信说："这个题材真好，内容也很不错……尤其是在党的十七大胜利召开期间……读起来格外亲切，温暖人心。但读罢以后，仍觉得作品尚有不足，一些地方有待推敲。"然后读者想当然地说："作者的敏锐目光和良苦用心显而易见，是想塑造一个有怨无悔，总是把老百姓的大事小事放在心坎上的老刘县长，以提升人民政府热爱人民，为人民办实事的良好形象。同时着力刻画一个没有文化、秉性如驴、死死缠着政府不放的当代农民老驴。"可是，读者认为，邵丽没有做好，"仔细品读，似乎二者兼顾，可惜顾此失彼；双方都很无奈"。之所以如此，原因在于故事设计得不好："女儿不见了，老驴在政府坐得住吗？他能不到南方城市去找吗？就是找不到他也会去啊！政府帮他一起找女儿多有故事啊！既然老驴在政府待得住，那就是故意跟政府过不去，那政府的这份'爱'还值不值得呢？！要么就是河阳县县长崔涌头上的乌纱帽和刘县长心中的'小九九'，那这份'爱'就要大打折扣了。总之，河阳县政府对老驴的'爱'是被动的、无奈的。尚未完全达到作者所要表达和抒发的'人民政府爱人民'的那份感情。这么好的一个题材，其作品内容和思想,应该还有很大的空间和潜力的!"①这位读者首先夸奖了邵丽这篇小说的选题,而且和党的十七大联系起来,大约是说邵丽的小说应景。可是,他又想当然地觉得邵丽写这个题材就一定要写人民政府官员是如何全心全意为人民服务的,并且还替邵丽设计了情节:可以安排政府官员和老驴一起去南方寻找老驴的女儿,这不就百分之百地体现了人民政府爱人民了吗?邵丽的小说没有按照这位读者的设想进行,这位读者提出了质疑:首先,小说主人公老驴丢了女儿自己不去找,反而赖上政府,就是故意跟政府过不去,是刁民,对这样的人,政府不值得"爱"!其次,小说过多描写了在这个过程中河阳县县长崔涌对头上乌纱帽考虑和刘县长心中的"小九九",影响了政府官员形象。按照这位读者关于这篇小说的构思,我们可以想象得到小说最终的形象——一篇主旋律文学。也就是说,在这位读者看来,邵丽这篇小说的写作是不合格的,因为她没有塑造出可歌可泣的人民公仆形象。我们注意到这位读者的身份,他是一名来自湖南的公务员。从中我们可以看到社会固定话语对人的思维模式的塑造。这位来信的读者作为一名公务员自觉地接受了文学创作中的公务员应该是公仆形象的话语定

---

① 何飞跃:《我对〈人民政府爱人民〉的一点看法》,《小说选刊》2008年第1期。

式。我们可以这样说,从公务员的角度,他会觉得,邵丽的小说没有起到塑造优秀公务员形象的作用,所以是不合适的。显然,不是邵丽的写作不合适,而是这位读者在现实生活中被某些固定化的,甚至已经构成"超隐喻"的话语影响太多,以至于他对文学作品中的领导形象,领导与民众之间的关系已经构成了固定化的理解,导致他觉得邵丽塑造的官员形象,邵丽塑造的官民之间的关系不合适了。

发现,对于我们这个时代来说,在某种程度上,也是对不确定性的表达和强调,是对复杂性的某种还原。现代小说为什么要表达不确定性?为什么之前的作家都要表达确定的理念,明确表达自己对善与恶的理解?这不仅仅是作家理念的问题,更为深层的原因是和作家身份的变化,以及时代状况的变化有关。前现代时期的作家某种程度上都是社会的精英,在文化人相对较少的时代,作家自然而然就成了这个社会的精英分子,他们也自觉地以精英自居,替时代思考。所以,他们面对社会问题思考、发言的时候都是坚决而肯定的。他们不怀疑自己的见解,因为如果他们也错误的话,这个时代就没有正确的。所以,这个确定性的背后隐含着作家的强烈的精英意识和主人翁意识。但是现代之后,随着文化的普及,随着社会文化程度的提高,思考成为所有文化人的能力,在这种情况下,作家的精英地位明显消失——他们不再是这个社会特殊的一群。他们也不过是普通的知识分子,面对这个社会的很多问题,他们同样无能为力。所以,作家身份发生了变化,他们的思想也发生了变化——他们不再试图以精英的立场去解决问题,而只是以普通人的身份去提出问题。相比较前现代社会,今天的社会、生活本身也日渐变得复杂和多元,多元复杂的信息量使得我们甚至都很难对事物本身的真相到底如何得出正确的结论,更遑论对复杂的事件发表正确的看法。在《三国演义》中,谋士们在出谋划策的时候,总是语气坚定地说对方必会如何如何,所以,我方只需要如何如何即可。"兵者,诡道也。"可是谋士们却敢斩钉截铁地做出自己的判断,并且对自己判断的正确性深信不疑。但是在今天,我们即便面对最普通的日常生活的分歧,都不敢做出明确的决断,因为事情总会发生复杂的变化。显然,现代人和古代人之间的巨大的差距,正是因为时代发生了重大变化。我们今天生活的现代世界已经越来越复杂,越来越难以把握了。从众多的新闻事件的戏剧性的反转中我们就可以看到,认识这个世界已经变成了多么困难的事情。

  在当下这个现代传媒影响力无远弗届的年代中,小说这种发现现实的能力显得尤为重要。在某种程度上,现代传媒已经把现实复述了一次又一次,以至于面对现实,我们甚至都不需要观察,就可以自然而然地说出现实是什么。原因在于,在当下这个发达传媒时代中，媒介已经代替了我们的双眼和耳朵，代替我们观察社会，直接传递给我们关于现实的各种细节，以及关于现实的看法。但是，现实本身是极端复杂的，发达现代传媒传递给大众的关于现实的认知有合理性的一面，但是，在很大程度上，也有对真正现实的遮蔽。出于表达效果的需要，媒介话语往往更强调极端的表达，或者把善描摹到极点，或者把恶刻画到顶点。于是，在看社会新闻的时候，你会看到那些被评为道德楷模的人似乎已经成了超越人类的不食人间烟火的神仙，他们的道德被媒介描述到了毫无瑕疵的地步。相反，那些所谓的负面人物，在媒介话语中，则往往是似乎占尽了人间所有的恶习。这样，复杂多元的生活一旦进入媒介话语中，一旦被媒介话语描述，往往就容易被单一化和绝对化，于是，原本驳杂多变的现实，在话媒介语描述中，就成为某种确定性的没有任何疑问的事实，这反过来又影响了读者对该事实的接受。最终，读者以为了解了媒介介绍的某些事件，其实他所了解的只不过是媒介叙述中的事件，而和真实事件本身之间有着巨大的距离。

在这样的状况下，小说发现现实的意义更是意义重大。在某种程度上，今天的小说愈来愈是一种智慧的艺术。这种智慧就体现在，小说创作者面对这个世界要有独特的视角，能够发现大众所没有发现的这个世界的另外一面。小说作者要有能力从当下的生活逻辑中提炼出生活的种种可能性,虽然这种种可能性是被大众媒体有意无意忽略或者遮蔽掉的。甚至,小说作者发现的这个现实,可能也并不是一种真正的存在,而仅仅是一种可能性。但是,只要这个现实是符合生活逻辑的,那就是一种小说的真实。在当下的发达传媒似乎搜奇猎怪无所不在地表达当下这个世界的时候,小说家表达的空间似乎已经严重受到了限制,这其实也给当下的小说提供了一个新的写作难度。在今天,想成为一个优秀作家,比起过去,是变得更艰难了,而不是更容易,虽然无所不在的媒介在给小说家提供写作资料方面比过去更加便捷、丰富,但是在这种情况下,小说作家必须有智慧的眼光、独特的视野,能够发现这个世界大众所忽略的东西。这样,发现生活的本相,超越媒介的单面化的描述,呈现生活的复杂性,对于小说来说,也应该是题中应有之义。

如前所述,在当下这样一个电子媒介时代,小说叙事变得越来越困难了,但是,这并不意味着小说正在失去它的价值。事实上,在电子媒介时代这种迅捷的媒介传递方式,复杂丰富的信息内容深刻影响、制约着我们对当下现实认知的同时,时代也更需要异质性的声音来对马尔库塞所谓的大众文化构成的"社会水泥"进行突破,也更需要有独特的发现来打破传媒对我们认知世界的遮蔽。在这方面,毫无疑问,小说是这种功能的最好承载者。换言之,发达媒介时代在冲击既有的小说存在的空间的同时,却又给小说留下了广阔的发展前景。这就是未来小说的最大价值。

第三章 小说与现实

一

在当下,曾经在世界文学史上风光无限的现实主义似乎越来越过时了。而且,越来越多的作家开始否定小说就是对现实的反映这种观点。以《洛丽塔》蜚声世界的大作家纳博科夫说:"我们应当时刻记住:没有一件艺术品不是独创一个新天地的,所以我们读书的时候第一件事就是要研究这个新天地,研究得越周密越好。我们要把它当做一件同我们所了解的世界没有任何明显联系的崭新的东西来对待。"①"文学是创造,小说是虚构。说某一篇小说是真人真事,这简直侮辱了

---

① 纳博科夫:《文学讲稿》,申慧辉等译,生活·读书·新知三联书店,1991,第19页。

艺术,也侮辱了真实。其实,大作家无不具有高超的骗术;不过骗术最高的应首推大自然。"①中国作家王安忆也强调:"小说不是直接反映现实的,它不是为我们的现实画像,它是要创造一个主观的世界。"②相对于传统现实主义所谓的某部作品是对现实的深刻反映之类的论调,这种看法在认知上毫无疑问是深入的,它是西方语言学转向的一个结果。从符号学的观点可知,所有的对现实的描述,都是一种符号,而这种符号的使用和选择,毫无疑问,是受艺术创作者个体价值理念的影响的。这样,所谓最客观的现实主义描述,其实质都是叙事者自己对现实的一种认知而已。这种认知不具有客观性。1985年,詹姆逊在北京大学演讲时,就已经谈到了现实主义的问题:"我不太熟悉中国的情况,但在西方,人们一般认为根本不存在现实主义这回事,现实主义只是一系列视觉幻象。现实主义手法完全是一种技巧。"③当作家们强调小说不是为现实画像,而是在创造一个主观的世界的时候,当作家们强调文学是创造,小说是虚构的时候,他们其实已经否定了小说所谓的客观反映现实的功能。这种认知,相比较传统现实主义小说

---

① 纳博科夫:《文学讲稿》,申慧辉等译,生活・读书・新知三联书店,1991,第24—25页。
② 王安忆:《小说课堂》,商务印书馆,2012,第5页。
③ 弗雷德里克・杰姆逊:《后现代主义与文化理论》,唐小兵译,北京大学出版社,1997,第242—243页。

理念,毋庸置疑,是更加符合小说艺术的特质的。另外,当作家们强调小说艺术是在创造一个新天地,创造一个主观的世界的时候,他们其实也否定了这样一种观念,即传统现实主义理念的以是否逼真地描摹了现实而作为文学作品的评价标准的观念。艺术就是艺术,艺术应该有自己独特的评价准则。小说作为叙事的艺术,显然不能以是否逼真地描摹现实作为权威的评价准则。深刻、准确、贴近现实是对一切应用文字的要求,而对于艺术文字来说,它应该有自己独特的评价标准。

但是,这并不意味着文学、小说和现实无关。事实上,从广义的角度,现实几乎无所不在地在笼罩着文学,脱离现实的文学,和时代脱节的文学,一般我们可以认为,基本都是没有价值的文学。米兰·昆德拉曾经用一段形象的语言表述了时代、现实对于文学产生的巨大影响:"唐·吉诃德起身进入一个在他面前广阔敞开的世界。他可以自由地外出,也可以在他高兴时回家。早期的欧洲小说都是些穿越世界的旅行,而这个世界看上去无边无际……他们生存于一种没有始终的时间和没有边界的空间之中,介身于一个前程未可限量的欧洲之中。……在巴尔扎克笔下,这条遥远的地平线已经像一片风景一样消失了。它消失在那些现代组织和社会制度(警察、法律、金钱和犯罪的世界、军队、国家)背后。在巴尔扎克的世界里,时间……已经动身乘上了被称为历史的火车。这列火车坐上容易,下来就难了。……再往后,对爱玛·包法利来说,这条地平线缩成了一点,看上去像是道屏障,历险是那屏障之外的事,从而渴求变得不堪忍受。外部世界失去的无限性被灵魂的无限性取代。"[1]昆德拉形象地展示了小说和时代、现实的关系。现实社会的发展、社会制度及社会的种种精神都在对时代的小说构成深刻的影响。所有的小说都是某一特定时代的小说,都是对这个特定时代的发言。或者我们可以这样说,所有的小说都是和现实密切相关的。而且,如果认真审视一下文学史,我们还会发现,很多伟大的作品都是和现实密切相关,或者直接来源于现实案例的,著名作家巴尔扎克伟大的《人间喜剧》,之所以伟大,很重要的一个原因就在于它对那个时代精神的深入刻画,对当时时代趋势的深入把握。文学和现实有关,更为典型的例子是,很多著名的文学作品,就是从现实生活案例生发出来的。毛姆用他那动人的笔触指出,福楼拜在不知道自己该动手写什么的时候,他的一个朋友波耶给他讲了欧仁·德拉玛的故事。这是发生在他们身边的一个真实案例。德拉玛是一个医生,在鲁昂一个医院担任住院医生,但是也在附近的一个小镇行医。德拉玛的第一个太太是一个比他大很多的寡妇,去世了。她刚去世,德拉玛就娶

---

[1] 米兰·昆德拉:《小说的艺术》,唐晓渡译,作家出版社,1993,第7—8页。

了附近一个农场主的女儿。这个农场主的女儿年轻漂亮,但是也自命不凡,生活奢侈,而且对生活要求很高。很快她就讨厌了德拉玛的刻板、无趣,找了好几个情人。她不考虑自己的支付能力,非常奢侈地消费,买衣服,因此负债累累,最后她服毒自杀。德拉玛也自杀身亡。看过《包法利夫人》的人,对于这个故事一定会感到非常熟悉,没错,这个故事就是不朽名著《包法利夫人》的原型故事。当然,如果说伟大的作品仅仅是对生活中一个案子的模仿的话,那显然是低估了福楼拜的创作才华,这部伟大的著作,非常伟大的一点是呈现出了一群庸人的庸俗生活,当然,其中有庸俗的人还自以为自己非常有诗意。不过,福楼拜所表达的主旨,很大程度上,也是和他所观察到的现实生活有关。另外一个非常典型的例子是《红与黑》,在毛姆看来,司汤达"根本不具备自身大脑编造故事的才分"①。没有编造故事天分的司汤达之所以能够写出《红与黑》这样不朽的名著,也是和现实发生的案子有关。一个名叫贝尔德的神学院学生先后在米休先生家和德歌东先生家担任家庭教师。他应该是先后和米休太太,以及德歌东先生的女儿发生了关系。这个事情在被德歌东先生发现之后,贝尔德被解雇了。而且,他因此声名狼藉。于是,贝尔德就认定这样

---

① 毛姆:《巨匠与杰作》,李锋译,译文出版社,2013,第89页。

的局面是米休一家造成的。为了复仇,他在米休太太做礼拜的时候将其开枪打死了,然后他又开枪自杀。他自杀未遂,最终被判处死刑。这个故事显然和《红与黑》中于连的故事一脉相承。正是在这样现实故事的冲击下,"根本不具备自身大脑编造故事的才分"的司汤达先生创作出了伟大的《红与黑》。当然,《红与黑》中于连的形象和这个恶棍贝尔德显然也是有不同的,从于连那里,你似乎能看到一代年轻人缺乏上升的途径,这似乎也被理解成于连悲剧的深层次原因。毫无疑问,这是司汤达对这个真实发生案例的一个微小但是却至关重要的调整,如果于连就是恶棍贝尔德那样形象的话,他注定得不到读者的同情的,当然,那这部小说的伟大之处也就失去了。不过,司汤达的这个微妙的调整,显然也正切中了当时的社会现实。毫无疑问,从这些例子我们可以看出,和现实密切关联,切中现实的痛点肯定不应该是小说的问题。

事实上,在很多人看来,和现实密切相关不仅不是小说的问题,相反,还应该是小说的优点所在。在中国文学史上,中国现代文学恐怕是极其关心现实,具有极其强烈的政治性的文学了。这种对现实的强烈关注几乎在中国现代每一个作家身上都能看到,鲁迅、郭沫若、茅盾、巴金、老舍、曹禺、张天翼、沙汀等等。不过,很多研究者并不认为中国现代作家对现实的强烈关注影响到了他们的文学质量。日本的中国文学研究者丸山升曾经谈到日本文学者对于中国现代文学的这种高度的现实性的态度,"谷崎润一郎、金子光晴、宫本百合子这三位思想与文学大相径庭,但各自却都具有超人的知性的文学者,虽然表述方式各不相同,但却把与包括文学家在内的中国人民,中华民族所处的现实'苦斗'作为中国现代文学的最大特色来认识,并且与之发生共鸣。而且金子光晴还认为在中国现代文学这一特色中蕴含着纠正日本文学弱点的力量。……谷崎、金子、宫本也发现与人生—社会紧邻这一性质赋予中国现代文学以最大的特色,即中国与中国的文学家所处的严酷环境,赋予了中国文学以这样的特色。我觉得,这一特色就是中国现代文学在世界文学中所表现出的独特之处,换言之,也可以说是中国文学的世界性"①。显然,在日本文学者看来,中国现代作家对现实的强烈关注精神不仅不是中国现代文学的弱点,反而是优点。换言之,中国作家正是通过对中国本土现实的强烈关注让自己的文学获得了世界性的品格。

在某种程度上这似乎是一种悖论,我们几乎可以说所有的文学艺术作品都来源于现实,都是对现实的反映,而且,关注现实并不是作家的问题,相反,这更是作家的优点所在。但

---

① 丸山升:《关于中国现代文学研究的一己之见》,见《鲁迅·革命·历史——丸山升现代中国文学论集》,王俊文译,北京大学出版社,2005,第364—365页。

是,又有那么多的作家、理论家、评论家强调不要把文学、小说和现实直接对应,小说只是在虚构一个独特的世界而已。事实上,文艺作品的形成不是空穴来风,而都是源于作家的生活。有论者曾经把作家分作两类,写自己的和写社会的。其实,无论是写自己,还是写社会,这些文字都和作家的自身生活有关,只是由于作家自身气质不同,而倾向不同而已。艺术气质更浓,更自我的作家可能更加关注自我的生活,更加强调写自己;而社会气质更浓,更关注社会、民生的作家可能更加关注社会状况,更加强调写社会分析。可是,虽然这些作品都来自作家观察的社会生活,都和现实社会有着密切的联系,但我们却不能以描摹现实的准确性作为对这些作品的评价标准。因为这是艺术作品,艺术作品有自己独特的艺术评价标准。这些文字对现实的描摹,更多的只是作家对现实的独特认知而已。换言之,我们或者可以对小说和现实的关系做这样一个简单的界定:小说和现实密切相关,但是小说不等于现实,也不能精确描摹现实,小说对现实的叙说,只不过作家借由对现实做出自己的评价和分析而已。小说最能表现出的,不是社会现实的精确性,而是作家对社会认知的宽广度,以及作家的社会责任意识。事实上,当作家用小说来表现他眼中的社会的时候,他同时也是在利用文学一抒胸中块垒,用它来评价自己眼中的社会。伊格尔顿说,当评论者评价作家作品的时候,其实是表现了评论家自己的价值立场,同样,当作家利用文学来评价社会的时候,其实也是表明了他的特定的价值立场。这些价值立场,从他们的作品中,我们都可以清晰地体察出来。

所以,本质上,这些似乎否定现实主义,强调小说的虚构性的作家和那些强调对现实的关注的重要性的作家并没有矛盾。同样,那些强调对现实的关注的作家、批评家,也并不是要求小说亦步亦趋地模仿现实,而是强调作家要通过对现实的关注,创作出深刻把握时代脉搏的小说。这样的小说当然也不能拿来与社会现实一一对应——这个对应并没有意义。所以说,这样的小说也是创作出一个独特的世界当然也并无不妥。显然,关注现实并不是小说的问题,反而应该是小说的优点。而且,事实上,小说也不可能脱离现实。所以,从这个角度讲纳博科夫所谓的小说就是一个封闭的新天地是有问题的。这个新天地一定是从现实社会这个旧天地过来的。但是,或许我们可以从另外一个角度来理解纳博科夫,即从作家的主观态度来说,作家不应该利用小说改变这个社会的某些具体方面的思想去写小说。这样过于急迫地强调小说为现实服务,那么,最终,其小说一定会受到小说美学的惩罚。所以,小说是否现实主义,在我看来,某种程度上是一个伪命题,问题的关键在于小说介入现实的方式。正如丸山升所说的:"我以为有必要重新加以探讨的是'文艺是现实的反映'这一命题……因为意识自身是现实的反映,所以幻想、空想等等乍看起来并非反映现实的思维活动方式,也是以复杂而曲折的方式反映着现实。因而,在说文艺反映现实的同时,作为意识中'反映'的过程,其中包含的复杂、曲折与矛盾等等,就都应得到揭示,而'反映'的内容就应该阐明。这种'反映'的方法,因作者的不同而千差万别,而这才正是文艺之所以为文艺的特色吧。所以,'文艺是现实的反映'这一命题,是问题的出发点,而不是问题的结论。但是,事实上人们往往忘记了这一命题只不过是出发点,而把它当成了结论……一向站在反映论立场上的人们,他们的工作仅仅是讲作品反映了什么什么,而对'反映'的方式、过程的分析,即对于作者的内部意识的分析却是比较薄弱的。所以我认为,仅仅用强调反映论与单纯的模写说不同的办法来回答人们对于反映论的不满与不信任,是远远不够的。更为重要的是,暂且不去反复'文艺是现实的反映'这个命题,而去探讨怎样才能更科学、客观地分析各个作家'反映'的过程,即作家的内面意识这一问题。我感到这样的工作更有意义。"①

---

① 丸山升:《关于中国现代文学研究的一己之见》,见《鲁迅·革命·历史——丸山升现代中国文学论集》,王俊文译,北京大学出版社,2005,第368—369页。

二

强调小说虚构离不开现实生活,还有一个很重要的依据,那就是小说虚构都很难离开具体作家的具体经验。或者可以这样说,作家经验在很大程度上决定了作品的成败。英国一个非常有趣的作家毛姆曾经对西方很多大作家与其名作做过深入的研究,毛姆的研究方法是,深入发掘大作家的生活细节,与其作品对照,从而发现其作品更加独特的地方。借助这样的方法,毛姆发现艾米丽·勃朗特通过塑造希斯克利夫这个狂暴的人物来满足自身受制的情欲,他也发现了陀思妥耶夫斯基在创作过程中与自己笔下的人物一同经历那些让他感到兴奋的幻境。毛姆的研究方法告诉我们,作家的写作,作家写作的内容,肯定不是和现实生活毫无关联的,而是深深植根于作家的现实生活之中。毫无疑问,纳博科夫强调的"说某一篇小说是真人真事,这简直侮辱了艺术,也侮辱了真实"是正确的,我们很难说哪一篇具体的小说直接完全对应哪一个真人哪一件真事,但是,任何一篇小说显然都不是"一件同我们所了解的世界没有任何明显联系的崭新的东西",都和作家的现实经验密切相关。或者我们可以这样说,在很大程度上,小说都是作家个体经验的产物,而且,个体经验带给作家的情感冲击愈是强烈,小说就更多带有作家个体经验的痕迹。当然,这些作品之所以能够打动读者,也是因为,作家传递的这些个人经验与读者的经验具有了某种程度的契合,从而引发读者的情感共鸣。这样说来,文学作品仍然不是和现实生活世界无关。在我看来,纳博科夫说文学和现实世界无关的时候,他才是在施展一个大作家高超的骗术。

从我们看到的文学现象来看,很多作品甚至和作家的个人经历有着直接的关联。歌德曾经有过一场失败的恋爱,然后,他把这场恋爱进行了艺术的改造,于是就出现了风靡一时的《少年维特之烦恼》;狄更斯的《大卫·科波菲尔》在很大程度上是一部自传;福楼拜的《情感教育》也是和他自己的早年经历密切相关……当然,还有很多经验更多源于一种情感,当一种持久而深入的情感始终影响着作家的时候,他的作品也会呈现出一种独特的个体经验。中国当代作家田中禾的作品,总是出现富有感染力的女性形象,从长篇小说《十七岁》可以看出,这显然和他个人生活经验中对自己母亲的感知有着密切的关联。

显然,小说是毋庸置疑的虚构,但是,这个虚构一定是基于作家的个体现实经验。伟大的小说作品,除了和作家的艺术感知、艺术技巧,以及时代推崇的价值理念有关之外,显然也会和小说表达的主旨有一定的关联。小说表达的主旨,则毋庸置疑和作家个体经验密切关联。那么，作家什么样的个体经验会提升其作品的价值呢？虽然作家的个体经验与其写作有着密切的关联，但是，这个个体经验却并非越是个人化越好。毫无疑问，刺激作家创作的，都是其独特的个人生活经验感知，而且，愈是优秀的作家，其对社会、历史的经验感知越具有独特性和深刻性，他甚至可以从大众司空见惯的生活中，提炼出对生活的独特而深刻的感知。但是，这不意味着作家经验越个人化越好。更具有价值的个人生活经验感知，除了具有作家感知的独特性之外，还应该具有更大的群体性——能让大众从他的经验感知中，联系到其自我的生活经验。极端个人化的个体经验当然有其价值，但是，应该说，除了特殊时代的特殊情况外，一般情况下，如果作家的个体经验过于小众化，或者过于狭隘，这都会影响到作品的价值。一般来说，作家的经验更具有群体性，更能触摸到时代的本质，其作品也往往更具有价值。当然，这要求作家是这个时代的一个认真的生活者，也是一个独特的观察者和思考者。当然，这样的经验书写，也一定会和时代有关，和现实有关，从而把握住时代、现实的脉搏。

对这种时代经验对小说家的影响，王安忆曾经做过一个有趣的比较。王安忆以出生于1950年代的河南作家李佩甫发表于1990年的作品《无边无际的早晨》，出生于1960年代的作家王大进发表于2003年的《远方的现实》,以及出生于1970年代的河南作家乔叶发表于2004年的《紫蔷薇影楼》为例做了一个时代、个人经验对于小说影响的比较。王安忆指出,《无边无际的早晨》通篇都是在写一个"恩"字。围绕这个"恩",小说展现了中原腹地的淳朴的乡村人际关系,小说中的人们物质生活条件虽然很苦,但是带有强烈的精神浪漫性。但是在王大进的小说中,在描述一对原本幸福,但是因为物质条件而最终分道扬镳的夫妻的生活过程时,在描述女主人公姚美芹虽然有伦理焦虑但还是做了老总的二奶时,在描述其丈夫虽然明知道自己的妻子是别人的二奶从而感到屈辱但是又因为需要妻子带回来的钱而假装不知时,"壮烈的悲剧被零割了,割成琐碎的世俗故事。新时期文学中那些旷世的激情场景不再有了,取而代之的是尴尬人生"[1]。而在乔叶的《紫蔷薇影楼》中,《远方的现实》中女主人公的伦理焦虑完全消除了,小说主人公刘小丫做了五年小姐,做小姐的过程于她并不是难堪的,或者随时要遭受良心谴责的,事实上,在回归到日常伦理生活中后,她还时常留恋做小姐时期的快乐时光。相比较王大进笔下的姚美芹,这是另外一个截然不同的人物形象。对于这种差距,王安忆做了分析:"乔叶写作的年代,新时

---

[1] 王安忆:《小说课堂》,商务印书馆,2012,第200页。

期文学已经走过一系列思想解放阶段：伤痕，反思，寻根，先锋——文学与政治意识形态的关系松弛下来，脱缰掉头，从某种程度上，似乎与'五四'新文学接上了轨。作为女性写作者，因历史身份的遗存，处于边缘的位置，先天与社会主流保持距离，心理上就有更大自由度，所体察的世态人情也有可能更加切入肤表，进入核心。"①换言之，从姚美芹出卖肉体需要承担道德伦理的重负到刘小丫反而时时回忆做小姐的快乐生活，小说中主人公的这种巨大的差异来自作家现实生活体验的差异。1970年代出生的乔叶比1960年代出生的王大进更多地体察到了现代生活在这短短几年中带给人的巨大的精神变化。时代经验与个人经验混合着来到了作家的笔下，从而形成了王安忆所列举的几部文本的极为有趣的差异。

有很多小说文本往往不自觉地呈现了时代经验，反过来，作家在写作时，特别是在指向过去时代的写作时，往往也要强调对文本所表现的时代的经验的真实描写。《断背山》的作者女作家安妮·普鲁克斯在讲述《断背山》的写作和被拍成电影的过程时，特意说到她写故事之前做了一个调查，"我和一位羊倌谈话，以便确认我所描写的20世纪60年代早期，可以有一对白人牧童看护羊群，这一点是符合历史事实的"。小说不

---

① 王安忆：《小说课堂》，商务印书馆，2012，第201页。

是历史，没有对历史真相负责的义务，那么，作家为什么如此强调历史细节的真实性？显然这是因为，小说并非凭空捏造的虚构游戏，而是必须建构在时代经验基础上的想象空间。唯有建构在时代经验的基础上，小说才能建构起一套合理的虚构的逻辑，才能满足挑剔的读者的苛求。当然，对于优秀的作家来说，表述普泛的、众人皆知的时代经验还是不够的，他必须能够敏锐捕捉到大众还不清晰的但是又已经客观存在的时代经验，并将之表述出来。《红楼梦》之所以伟大，在我看来，其中一个很重要的原因就在于作者在封建王朝尚处于康乾盛世的时候，就看到了距离这个王朝不远处的衰败。在这方面，我以为，乔叶是一个对时代特殊性极其敏感的人，她的小说，很多就表现了这个特殊时代的独特的中国经验。比如在《人民文学》推出"非虚构"文本的时候，乔叶就全方位地描述了河南一个城市在拆迁过程中政府、村民双方的博弈过程，大胆而独特地呈现了这个时代这个国家最为独特的一种社会样态，同时，在这个过程中，也把这个时代知识分子的精神历程顺便展示出来。

所谓个体经验，并非强调作家一定亲身经历。如果个体经验狭义为写作者个人必须亲身经历的事情的话，毫无疑问，叙事的题材的广度肯定会大受影响。在这里面，最为重要的是，写作者的心理体验过程，写作者的精神投入程度。胡风曾经强调"主观战斗精神"对于作家的重要意义。他认为作家应该具有主观战斗精神,如果一个作家具有了主观战斗精神,那么他的精神就会和描述的客体对象之间互相作用,最终达成自我深刻的体察。这样,即便你没有做过工人,但是你依然可以描述好工人。写作者对客体对象的精神投入,对于一个作家来说是极其重要的,只有精神的深切投入,才会产生独特的个体经验。亲身经历和个体经验并非是直接画等号的,事实上,如果缺少主观感情体验的深切投入,即便亲身体验,那么也不会形成写作者独特而深刻的个体经验。相反,如果有强烈的情感投入,即便对某些生活没有自我亲身经历,那么,写作者也能够对某些生活形成自己独特的个体经验。一个典型的例子是狄更斯。狄更斯有着极强的观察能力,而且成为知名作家之后,也和社会上层接触密切。但是,他小说最被人诟病的就是不知道怎么刻画一个上流人物。他最擅长刻画的仍然是他童年时代混迹于其中的下层平民。中国当代作家还有一个典型的状况,一般而言,1950年代出生的很多作家,基本上很难处理好城市题材。他们更擅长书写的还是乡村生活,还是农民。这是因为他们少年时期基本是在乡村度过,而且,乡村生活显然对他们的精神构成了巨大的影响。这样,虽然之后他们都迁居城市,但是,在某种程度上,对于城市,他们只是过客,他们无法把自己的精神和城市生活的精神契合。显然,只有作家精神对描述客体高度投入,他才能形成自己的独特经验,而不是说,必须要在现实生活中经历过某种生活,他才算具有某种生活体验。

强调这种精神的主观能动性,对于中国当代作家来说意义重大。很多当代中国作家在成名之后,都呈现出创造力衰退状况。不过这个问题对于田中禾来说,却并不是问题。在退休多年,七十岁的年龄,田中禾连续推出了《父亲和她们》《十七岁》等长篇小说,其中,《父亲和她们》还颇受好评,获得多个奖项。当然,这不是说田中禾能天然规避知名作家的中年危机,而是因为,他的创作始终非常自觉地寻找着自己独特的精神体验。二十世纪八九十年代是田中禾创作的高峰期,此时,刚刚复出文坛的田中禾的生活状态整个与社会同步,于是,他的小说更多取材于现实。此时,他虽然总体上是在思考人性,表达人性,但是因为他的个体经验与社会经验是同步的,所以,他的作品,比如《五月》《明天的太阳》等,也就成功地呈现了经济大变革年代对社会、对传统道德的冲击。进入新世纪之后,田中禾的中短篇小说相对减少,这显然和他退休之后,距离现实生活渐远有一定的关系。在和现实生活已经拉开了一定距离,无法再呈现关于这个时代的能引起群体性经验共鸣的独特个体经验的时候,田中禾更加强调了思想的锤炼,转向了对历史的反思。针对历史的书写,在一定程度上,作品的价值更多和反思者自身的精神深度有关,而较少强调与时代步调一致。

三

谈论作家经验对其创作的影响,是想要说明现实是如何无所不在地在影响着作家的文学创作。其实我们基本可以确定,没有现实,便没有文学虚构。而且,在今天,在现代传媒的影响力无所不在的时候,强调经验更具有特殊的意义,在某种程度上,我们可以说,强调经验是让小说在今天重新获得价值的重要路径。现代媒介的发达带给了我们迅捷认识世界的能力,比如中国获得奥运会申办权、冬奥会申办权等等。关心者守在电视机前可以在结果出炉的即时获得这个信息。甚至,你还能看到众多参与申办的中国体育明星喜悦的场面。不关心这些体育消息的人,在接下来的二十四小时内,或者说两三个小时内,也会不自觉地被这些消息包围——除非你不看报纸,不看电视,不看网络消息。这就是发达媒介在今天的巨大威力,无论是多么遥远的地方,只要有现代传媒在场,那么,这个地方的消息就可以在一瞬间传遍全世界。对于生活在这个时代的普通民众来讲,这当然是一种幸福,便捷、丰富的信息获得在一定程度上丰富了个人的生活。但是,与此同时,一个值得警惕的现象也会随之出现,那就是这种信息传递的便捷会带来某种生活、认知的同质化。比如,当现代媒介大力宣传某种生活方式,称某种方式是健康的、绿色的,或者贵族的、有品质的生活的时候,此时社会上的众多个体就会自觉去模仿这种生活方式,以使得自己的生活有品质、有品位。不需要说太多,只要看看今天整容业的疯狂,女性对减肥的痴迷,你就可以看到这种媒体对人的影响有多大。认知的同质化体现在,当大众媒介一遍一遍地给我们传递关于某些人、某种生活的固定化的认知之后,我们就很容易把大众媒介传递给我们的这种认知当作真理来接受,这就使得我们谈到某些问题的时候,可能会高度契合。但是这种契合不是建立在对事件真实的把握上,也不是建立在个体对事件的独特思考上,而仅仅建立在大众媒介对我们的训导、教化上。这样,我们在某种程度上,距离事实其实是又远了一步。所以,书写独特的个体认知经验,对于小说就有着巨大的意义,就有着打破新闻媒介导致的同质化认知的能力,从而带给读者关于这个世界的另外一些东西。在这个时代关于女性如何美、怎样才算美的消息铺天盖地的时候,新闻媒介却不能提供乔叶笔下的女性成长过程中的微妙的心路历程。

　　作家经验带给小说独特的认知价值,从而改变大众对传媒带来消息的误读的,最为典型的,在我看来,当属卡勒德·胡赛尼的《追风筝的人》。胡赛尼出版这个小说之前,是一个生活在美国的阿富汗裔医生。提到阿富汗,我们最先想到的词汇一定是贫穷、乱、恐怖分子、塔利班等等。没错,在我们所能看到的新闻中,阿富汗似乎就是和这样一些词汇紧密关联在一起的。但是,胡赛尼的这部著作改变了我们对阿富汗的印象,从这部书中,我们看到的阿富汗不仅仅是贫穷、落后,而且还能看到爱、怜悯、羞耻与救赎。胡赛尼自述,这部著作的写作出于自身强烈的倾诉欲望,并没有想到要发表。换言之,这部著作,很大程度上和作家的自身经验有关——正是这种自身经验的强烈才会带来强烈的倾诉欲望。这部著作之所以广受欢迎,产生广泛的影响,在我看来,是和作家自身的经验密不可分的。一方面,小说叙述的事件本身就是很多读者的知识盲点,"《追风筝的人》很大部分发生在20世纪70年代,苏联战争之前的时期,对很多西方读者来说,实际上是个盲点。甚至还有可观的篇幅谈到流亡美国的阿富汗人,而至少是在小说界,这些人很少被提起"①。也就是说,首先,胡赛尼的作品在表述的内容上,就突破了媒介所能表达的内容。当然,更为重要的是,这作家的切身经验所带来的强烈而令人动容的关于人性的思考更能打动读者,这是任何新闻话语都

---

① 卡勒德·胡赛尼:《追风筝的人·前言》,见卡勒德·胡赛尼:《追风筝的人》,李继宏译,上海人民出版社,2006。

无法表达出来的。正如胡赛尼在收到大量的读者来信后所说的:"在这些信中,我看到小说作品独有的联结人们的力量,我还看到了人类的体验有多么普遍:羞耻、负疚、后悔、爱情、友谊、宽宥和赎罪。"①毫无疑问,胡赛尼独特的经验,带给了《追风筝的人》独特的叙述内容,而这部著作,也让读者了解到了媒介叙事之外的另一个阿富汗,以及生活在其中的人。作家经验的重要性,由此可见一斑。

经验、现实对于小说创作是极其重要的,但是,对于作家来说,不是拥有刻骨铭心的经验,或者对现实有着入木三分的观察就可以写出好的小说。小说是艺术,是文字的艺术,所以,如何能够把体会到的经验非常节制而又动人地表达出来,是非常重要的一个环节。当然,在这个环节,首先就要处理好作家和经验,或者现实的距离。作家首先必须是深深地被自己的经验所感动的。艺术创作是充满感情、充满激情的创作,在我看来,小说和应用问题都是在表达作者的某种立场,不同的是,如论文、议论文之类的文章,更加强调严谨的构架、科学的逻辑来说服人,而小说、诗歌等艺术文体,更加强调的是用动人的形象来打动人。所以,我以为,创造出动人的人物形象应该是小说的题中应有之义。那么,作家如何能让自己的创

---

① 卡勒德·胡赛尼:《追风筝的人·前言》,见卡勒德·胡赛尼:《追风筝的人》,李继宏译,上海人民出版社,2006。

作打动别人呢？一个最简单的前提是，作家应该自己对他自己的创作深信不疑，他深深地被自己的经验打动，被自己的感情打动，这样，他创造出来的作品自然也就具有了打动人心的力量。巴尔扎克小说中的人物都非常鲜活、生动形象，比常人更能扣人心弦，毛姆认为，巴尔扎克之所以能做到这一点，很重要的原因就是"巴尔扎克本人对他们深信不疑，以至于在他临死的时候，曾经高喊：'派人去叫皮安训，皮安训会救我的。'皮安训是他多部小说中出现过的一位聪明诚实的医生。他是《人间喜剧》当中少有的几个公正无私者之一"①。就以《追风筝的人》这个小说为例，我们从小说的前言可以看到，胡赛尼是抱着写给自己看的立场书写了这部小说，而之所以要写出来，是因为有两个男孩一直在他脑海中活动。这就是经验对作家创作的刺激作用。所以，作家如果要被自己的经验所打动，他必须和自己的经验非常近，近到这种经验能时时对他产生刺激，让他产生不吐不快的感觉。如果作家的创作不是在这种经验的冲击下完成的，我们就会怀疑作家创作的真诚性。或许，有着高超写作技巧的作家即便缺少这种强烈的经验刺激也一样能够创作出圆满纯熟的小说故事、人物形象，但是，这样的作品一定会缺少打动人心的力量。毫无疑问，作家在

---

① 毛姆：《巨匠与杰作》，李锋译，上海译文出版社，2013，第118页。

自己的作品感动别人、影响别人之前,他一定要感动到自己。

但是,这并不意味着作家距离自己的经验、情感越近越好,事实上,有着复杂而极富冲击力的生活经验,并有着强烈的表达冲动的人很多,可作家却并不多,优秀的作家尤其少。因为,强烈而富有冲击力的经验并不能保证写作者写出来的作品一定就是富有感染力的。这就涉及小说的叙事艺术的问题。对于小说叙事来说,涉及作家对自我情感的一个把控问题,只有当作家把生活经验和文学虚构处理到一个合适的关系的时候,才可能产生富有感染力的文学作品。在某种程度上,这其实是需要作家的写作适当地和现实生活拉开距离。我们可以看到文学史上众多伟大的作品,比如《百年孤独》《城堡》《审判》《我的名字叫红》,以及陀思妥耶夫斯基的众多作品,都和现实保持着一定的距离。我们当然不能说马尔克斯、卡夫卡、帕慕克及陀思妥耶夫斯基的这些作品不是现实生活经验刺激的结果,可是,从小说叙事看,这些小说又和现实生活中的作家保持着一定的距离。至少我们不能想象马尔克斯会飞起来,卡夫卡会遭遇那梦魇般的生活场景。《活着》《许三观卖血记》《一句顶一万句》这些小说也似乎和现实生活保持着一定的距离。虽然富贵、许三观、杨百顺等人看上去都是乡土中国中极其普通的人物,但是仔细观察,这些人物似乎又和我们的生活有一定的距离。这就是文学和经验之间的合适的距离。在某种程度上,经验更多的应该是起到刺激作家产生创作意象的作用。如果在创作过程中,现实经验过多侵入小说文本之中,那么小说的美学价值一定会受到影响。之所以那么多人有强烈的经验、情感冲击,但是却无法成为作家,写出富有感染力的文字,原因大概就在于此。即便是成熟的作家、成名的作家,有时候也会出现类似的错误。我觉得一个典型的例子就是王朔的《看上去很美》这部小说。王朔于20世纪90年代前后成名,其小说语言最大的特点就是洒脱、自由,他的小说对当时中国的文坛产生了巨大的冲击,毫无疑问,这些小说是注定要进入中国当代的文学史之中的。可是,之后王朔创作的《看上去很美》虽然也收获了不俗的反响,但是在我看来,相比较他的《顽主》《动物凶猛》等小说,其叙事语言的洒脱、流畅,显然是大大不如了。之所以如此,显然和作家描述的内容有关,从这个小说来看,显然小说中的大量生活直接取材于王朔的童年经历,甚至让人怀疑,这部小说带有一定程度的自传色彩,作家对于自己的童年生活显然是充满珍爱的,这种对生活经验的珍惜、珍视,在我看来,就直接影响了作家叙事的材料选择及叙事语言的洒脱、流畅。

所以,在某种程度上,小说与现实的距离是一个微妙的距离。小说如果距离经验、现实太近,被现实经验羁绊的话,会在一定程度上影响小说叙事的高度,影响小说叙事的流畅,影响到小说的艺术性。小说距离经验、现实如果太远的话,小说可能就会失去打动人心的力量。不过,小说的魅力,也正是在这艺术与经验的距离的控制、把握中体现出来。

在当下,再去谈论小说是不是现实主义似乎已经失去了现实意义。不过,我们必须承认,小说都是和现实有关的,虽然我们不能拿小说叙述和现实一一对应,但是,小说叙述一定是在现实生活的基础上才形成的。小说的形成和现实,和作家经验是密不可分的,不过,这种密不可分之间又需要保持一个微妙的距离,而这个微妙的距离,实际上就是小说介入现实的方式。

第四章 小说与道德

作为一个讲述故事的叙事性文体,小说似乎总是与我们的现实生活有着密切的关联,而读者,似乎也总是习惯从小说中找到自己的生活、邻居的生活,或者某些和自己不相关的人的生活。中国的读者从《红楼梦》中读出顺治皇帝,读出纳兰性德,就是这种小说观念影响的结果。据说鲁迅的《阿Q正传》在报纸上连载时,有很多人怀疑小说写的就是自己,这也是这种小说观念影响的结果。贾平凹的《废都》发表之后,很多读者眼中的贾平凹就是书中的庄之蝶,毫无疑问,这还是这种小说观念影响的结果。因为大家习惯于把小说视作是社会人生在文本上的呈现,于是,一个根深蒂固的观念也随之产生,那就是,大家认为,小说文本也理应惩恶扬善,歌颂真善美,鞭挞假恶丑。换言之,大家把小说中所要表现的、表达的道德观和社会中我们应该遵守的,应该弘扬的道德观完全等同了。有很多小说的确也是在致力于表达这种符合现实社会道德观念的主旨，或者说，很多小说表达的主旨和社会弘扬的道德观念并不背离，这当然不会影响到对这些作品的全面的评价。但是，如果我们全都这样僵化地认知小说，对小说中的道德也严格限定，那么，小说艺术最终也将走入死胡同。小说是艺术，是虚构性文本，所以，它关于道德的表述，也理应比社会标准宽松。

一

美国作家丹·布朗2003年出版了长篇小说《达·芬奇密码》，小说一出版就打破了美国小说的销售纪录，接着，小说迅速被翻译成多国文字，在全世界流行。不过，这部流行小说也给作者带来了一定的麻烦，这个麻烦和小说中的宗教表述有关。《达·芬奇密码》是一部悬念小说，小说一开始是发生在巴黎卢浮宫的谋杀案，由对这个谋杀案的侦破开始，小说一步步又转向了解密、寻宝。小说中要寻找的宝贝非比寻常，是耶稣基督在最后的晚餐中所用的圣杯。原本大家以为所谓圣杯，就是一只酒杯，可是，随着小说中哈佛大学专门研究符号学的学识渊博的兰登教授的介入，所有既定的猜想发生了变化。兰登教授发现，圣杯其实并不是一只酒杯，而是一个人，就是《圣经》中提到过的抹大拉,也就是在达·芬奇的名画《最后的晚餐》中坐在耶稣基督右边的人。兰登教授根据相关符号和历史知识大胆推理,得出的结论是,抹大拉就是耶稣的妻子,他们不但结了婚,而且还生育了孩子。但是,后来基督教会为了神话耶稣,就把他结婚生子的事情隐瞒了下来。他的后代因为害怕受到教会的迫害,就逃到法国隐居,并且继续结婚生育,把耶稣基督的血脉代代相传。小说中的女主人公,就是耶稣基督的后代。直到今天,所有的这一切,普通的教众,以及世界上的绝大多数人都是不知道这一切的。这个惊天大秘密只有郇山隐修会的兄弟们知道。这个郇山隐修会也是代代相传的,他们的职责就是保护基督的血脉,并且把秘密传给后世。很多郇山隐修会的会员都是历史中大名鼎鼎的人物,比如发现万有引力的牛顿爵士,比如绝世天才达·芬奇,等等。其中,达·芬奇还把这个秘密在他的画作中表现了出来。从小说内容来看,它是对基督教的传统教义进行了大胆的颠覆,当然,这个颠覆并非完全是丹·布朗一人之力,实际上,他也是从西方民间流传的关于耶稣基督的野史中获得了很多灵感。毫无疑问,小说内容是紧张刺激,而又颇能引人关注的。可是,小说的畅销引发了宗教界和学术界的不安和反击。因为小说内容和传统基督教教义大相径庭,所以,基督教强烈批判这部小说,三分之一人口是基督徒的黎巴嫩甚至将此书列为禁书,即便是在中国,基督教会也发出基督徒不允许看根据这部小说改编的同名电影的号召。甚至学术界也对这部小说展开反击,比如学者针对小说中提到的名画《最后的晚餐》中坐在基督右边的是抹大拉的说法展开反击,他们认为那不是抹大拉,而是十二门徒之一的约翰。甚至,在这部小说出版之后,紧接着又出版了好几种解读小说中"密码"的小册子,对小说中的很多说法逐条批判。小说从来就是"不被授权的文体",事实上,当读者打开小说的第一页的时候,就已经和作家签订了一个协议,那就是这里面所有的内容,都是虚构的,不可以当真。所以,当社会中人们围绕某些事情产生了某些纠纷,以至于闹上法庭的时候,从来不会有人以小说中的内容作为例证来证明自己的正确。即便有这样的人,法庭也肯定会予以驳斥,原因很简单,小说是虚构的,所以,我们对待其内容显然不能像对待新闻消息的内容一样。所以,当这些学者针对《达·芬奇密码》中关于宗教的叙说一条一条进行论证、纠错的时候,我们似乎看到了一群来自地球以外的人在做着荒诞的举动。丹·布朗的遭遇还不是最严重的,相比较拉什迪的遭遇,我想,丹·布朗一定会感受到自己的幸运。1988年,拉什迪出版了小说《撒旦诗篇》,小说获得好评,但是因为小说中穿插了对伊斯兰教和穆罕默德不敬的内容,伊朗的宗教领袖霍梅尼发出了全球追杀令,从此,拉什迪开启了他的逃亡生涯,直到1998年,伊朗放弃对他追杀。因为创作一部小说而成为被全球追杀的对象,这个事件看上去更具有传奇性,或者说,更具有荒诞性。这荒诞性的根源就在于,人们过于严肃地看待了小说的内容。当这样严肃地看待小说的内容成为常态的时候,那就意味着小说想象力的翅膀将会被紧紧束缚,我们将会看到小说的衰落。

事实上,小说即便有违反世俗道德的地方,冒犯人们传统道德认知的地方,其实更多也是想象力的飞翔,这种飞翔的想象力很难对社会现实构成多大的影响——因为飞翔的想象力永远是飞翔着的,很难落实到现实之中。就如上文所说到的《达·芬奇密码》,当基督教世界因为小说强调耶稣基督曾经结婚,而且生育有孩子而大为光火的时候,其实他们没有想到,在当下这样一个科学高度发达的世界中,即便没有这个小说的出现,除了那些执着的基督徒外,还有几个人相信耶稣基督是上帝的儿子?还有几个人相信有上帝的存在?也就是说,基督教世界以为《达·芬奇密码》亵渎了上帝,亵渎了基督,其实他们没有意识到,那个神一样的基督仅仅存在于基督教教义之中,而和当下现实社会无关。所以,《达·芬奇密码》又能在多大程度上亵渎耶稣基督,亵渎基督教的神圣呢?所以,在很多小说家看来,小说是应该和社会约定俗成的道德保持一定距离的,或者说,小说没有义务去表达强调的正确的道德。小说就是小说，小说是艺术，不能要求小说家在进行艺术创造之前先规定小说家必须表达什么样的价值观，彰显什么样的道德，那样的话，小说的艺术性一定会受到影响。米兰·昆德拉曾专门撰文讨论小说中的道德问题，在他看来，这些所谓的违反世俗道德的情节根本不会构成对社会道德的真正的破坏和影响。昆德拉详细讨论了拉伯雷《巨人传》中巴奴日这个形象的塑造。《巨人传》中巨人庞大固埃的伴侣叫巴奴日，此人年纪35岁上下，聪明伶俐，爱干恶作剧，在小说中，他的很多行为都是违反世俗道德的。在《巨人传》第二部中，他爱上了一个贵夫人，想尽一切办法想要得到她，不断地用荒诞、猥亵的话语来挑逗她。在被这位贵夫人断然拒绝之后，恼羞成怒的巴奴日就决定报复她。巴奴日找到一条发情的母狗，把它杀死，然后割下它屁股上的肉切成碎末。之后，巴奴日悄悄接近这位贵夫人，把这些肉末偷偷撒在这位贵夫人的衣服上。然后，荒诞的事情发生了，当这位贵妇人走出教堂后，当地所有的公狗都寻味儿而来（拉伯雷小说中说，一共有六十万零十四只），跟在她的后面，向她身上撒尿。在《巨人传》第四部中，巴奴日在海上和一群羊贩子相遇了。羊贩子丹诺德看见巴奴日的眼镜拴在帽子上，就嘲笑他"好一副乌龟的相貌"。受到侮辱的巴奴日决定报复，他花费高价买了丹诺德的一只羊，然后就把它扔下了海。羊的习性是跟着领头的跑，于是，这一群羊都跟着往海里跳。羊贩子们急红了眼，一个个拼命地抓住羊角羊毛不放，于是就被疯狂的群羊带着直接掉进了大海。在这些羊贩子掉入大海之后，巴奴日手拿一个长篙，击打着那些企图爬上船的羊贩子，而且，他振振有词，给这些即将溺死的羊贩子指明现世的痛苦、来世的幸福，同时对他们肯定地说，死去的魂灵比活在世界上的人幸福得多，万一这些人不想死去，还想活在世界上，他希望他们能幸运地碰上一条鲸鱼。毫无疑问，按照世俗的道德，巴奴日的恶作剧显然过了头，按照世俗的道德标准，他就是一个恶棍。可是，昆德拉讲到，在他居住在一个工人宿舍中的时候，他曾经给工友们三番五次地读《巨人传》中的故事，工友们对巴奴日追求贵夫人的一节尤其感兴趣，读到后来，这些人居然把这个故事全都记住了。尽管这些工友都是带有农民式的保守的道德观念的人，但是从他们的笑声中可以听得到，这些人对于巴奴日这样一个下流的家伙没有任何谴责的意思，反而很喜欢他。而且，工友们还给他们中间一个羞涩、单纯的青年起了个绰号，叫巴奴日。当然，工友们喜欢巴奴日肯定不是对他的道德观的完全的认同，正如昆德拉说的，他们并不是巴奴日这个人的坚定的拥护者，当他们听到巴奴日向贵夫人说下流话的时候，他们心花怒放，当他们听到贵夫人给了巴奴日一个冷冷的下马威的时候，这些工人也同样心花怒放，当然，当贵夫人被巴奴日的恶作剧捉弄,被狗尿了一身时,这些工友简直开心至极。也就是说,工友们喜欢巴奴日,不是喜欢他的道德,而是喜欢的是小说中这些人物带给他们的趣味。他们不同情贵夫人,也不同情巴奴日,他们仅仅是小说趣味的欣赏者,而且,这趣味中对道德的冒犯也是无法和现实世界中他们对道德的遵守产生任何关联的。仅此而已。

从昆德拉讲述的工友们喜爱巴奴日,为他的恶作剧开心不已,但同时又为他的受辱而开怀大笑时,我们会发现,小说打破传统道德禁忌的行为,只不过是一次想象力的飞翔,是不可能落实到现实的。它的作用就是带给人想象的快乐,大家在这个过程中感受到的是想象力自由飞翔的快感——没有人会把这一切当真的,也没有人会去学巴奴日,成为下一个巴奴日。这一点,从"巴奴日的羊"这个俗语的出现,也可以得到印证。小说中巴奴日对羊贩子的恶作剧,如果落实到现实道德层面,那巴奴日就是十恶不赦的——即便对方侮辱巴奴日在先,巴奴日也没有权利取消这么多人的生命。可是,因为这是小说,所以,这一段,包括巴奴日颇富想象力的报复方式,带给大家的就不是来自世俗的道德的训诫,而是来自艺术的想象力的狂欢。于是,由于小说中这一情节的出现,在我们生活的世界中就出现了一个俗语,即"巴奴日的羊",用来指那些只会模仿,而没有首创精神的人。同时,还出现了一个词语,即"羊群效应",用来形容大众的从众心理。当那么多羊贩子因为巴奴日的恶作剧而死的时候,我们的读者们却忽略了他们的死亡,相反,大家更多关注的是巴奴日恶作剧在羊身上的表现,还给我们的世界带来这样两个俗语。看起来,我们这个世界的人都是冷血的、没有道德的人。当然并非如此。其实这样境况的出现,再好不过地证明了,对于小说中异想天开的行为,比如吉卜赛人的磁铁让所有家庭的锅碗瓢盆叮当作响,让所有的钉子摇摇欲坠(《百年孤独》),比如巴奴日一个恶作剧淹死了所有的羊贩子,读者们都不会傻到去验证其真假。重要的是,大家在这样形象力的狂欢中获得了精神的愉悦,以及可能的某种精神启迪。这个时候,人们更多关注的是其中的趣味,而不是道德。所以,相比较充满趣味和想象力而亵渎道德的小说,没有趣味,没有想象力的小说才是最可怕的,那些小说最终会把小说送上绝路。在这样的阅读语境中,再去斤斤计较小说某个情节表达的具体的道德含义,显然就过于僵化、刻板了,正如昆德拉所说的,如果读者因为巴奴日针对羊贩子的恶作剧而寻找其道德含义的时候,"这一幕是不现实的、不可能的,但它至少还有一个道德含义吧?拉伯雷揭露了商贩们的吝啬?我们应该为他们的罪有应得而幸灾乐祸?或许是他想激起我们对巴奴日残酷行为的愤慨?或许他是以反教会精神嘲笑巴奴日宣扬的愚蠢的宗教的陈词滥调?你们都来猜一猜吧！每一个答案都将是一架捕捉傻鸟的夹子"①。

在昆德拉看来，小说和现实之间是应该保持距离的，现实社会的道德评判不能够进入小说。或者说，作家不能以社会道德评判标准作为自己写作小说的基本准则，读者也不能以社会道德评判标准作为对小说评价、批评的标准。昆德拉认为，小说应该是道德审判被悬置的疆域，"悬置道德审判并非是小说的不道德，而是它的道德。这道德与那种一开始就审判，没完没了地审判，对所有人全都审判，不分青红皂白地先审判了再说的难以根除的人类实践是泾渭分明的。如此热衷于审判的随意应用，从小说智慧的角度来看是最可憎的愚蠢，是流毒最广的毛病。这并不是说，小说家绝对地否认道德审判的合法性，他只是把它推到了小说之外的疆域。在那里，只要你们愿意，你们尽可以痛痛快快地指责巴奴日的懦弱，指责爱玛包法利，指责拉斯蒂涅克，那是你们的事；小说家对此无能为力"②。正是因为把道德审判推到了小说疆域之外，小说家们才可以自由地表达自己对世界的思考，即便这个思考的结果可能是和我们强调的道德的高蹈是相悖反的。

米兰·昆德拉的小说《玩笑》就呈现了道德和现实的悖

---

① 米兰·昆德拉：《被背叛的遗嘱》，余中先译，上海译文出版社，2003，第 5 页。
② 米兰·昆德拉：《被背叛的遗嘱》，余中先译，上海译文出版社，2003，第 7 页。

离。小说中的路德维克在年轻的时候曾经前途无量,他是个大学生,还是党员,在当时的社会政治环境中,他的状况,如果不出大的问题,他肯定会有一个美好的未来。可是这个美好的生活未来还是断送在他自己手中了。因为追求一个漂亮的女孩子玛凯塔,为了引起对方的注意,年轻的路德维克故作惊人之语,在给玛凯塔的明信片上写了几句话:"乐观主义是人民的鸦片!健康精神是冒傻气。托洛茨基万岁!"他原本的意思,仅仅是开一个玩笑。可是这个年轻人忘记了一件事情,那就是这个时代、这个政府是缺乏幽默精神的,也是缺乏宽容精神的,他们会把这个视作异端。这个明显和当局宣传精神相违背的明信片引起了当局的注意,学校也开始调查路德维克。当时的系里学生支部的党组织主席是泽马内克,他曾经和路德维克关系密切,而且,也了解路德维克爱开玩笑的性格。还有,按照当时泽马内克的能力,他是可以挽救路德维克的。可是,这个曾经和路德维克关系密切的朋友,在这个关键时候,把他推下了悬崖,而且,还劝告玛凯塔和路德维克划清界限。路德维克本来高扬着风帆看上去一帆风顺的船沉了。十五年的生命蹉跎之后,路德维克终于又回到了他的出生地。他想要复仇。当然,直接向这个男人复仇的可能性很低,泽马内克在仕途上依然春风得意——这样一个善于看清风向的人是不会轻易翻船的。路德维克瞄上的是泽马内克的妻子埃莱娜。

他要和埃莱娜做爱,让她背叛自己的丈夫,以此来实现对泽马内克的报复。路德维克成功了,这成功甚至远远超出了他的期望,埃莱娜顺利地背叛了泽马内克,甚至对路德维克产生了巨大的激情,甚至无法离开路德维克独自生活。路德维克一度以为自己复仇成功。可是,很快,他就发现自己错了,因为泽马内克和埃莱娜早已不再相爱,而且,泽马内克也早已找到了另一个年轻漂亮的新情人,更重要的是,泽马内克知道他和埃莱娜的关系之后没有任何的痛苦,相反,他非常高兴——的确,路德维克对他的报复实际上在很大程度上是为他开辟新生活而扫清道路。路德维克的复仇失败了,在某种程度上,是生活再一次和路德维克开了一个玩笑。在这里,相对于泽马内克,毫无疑问,路德维克在道德上是具有优势的,按照世俗的道德,他理应获得报复的成功,"善恶终有报"是我们这个世界训诫的信条。可是,如果小说都按照我们社会道德训诫的信条来写的话,小说叙事的空间就会狭窄到让小说无法呼吸的地步,狭窄到比现实生活还要逼仄——现实生活显然并没有完全做到"善恶终有报"。那样的话,小说将不再是小说,而是充满道德感悟的劝世书;那样的话,小说的想象力将会失去飞翔的空间。昆德拉对路德维克所开的玩笑,其实就是作家对僵化道德限定的拒绝。

二

  小说的任务是丰富我们关于人、关于社会的认知,而不是把相关问题简化,或者僵化,或者把复杂的问题简单化。所以,昆德拉的观点小说是道德审判悬置的疆域是非常有道理的,因为,对于小说来说,重要的不是道德归罪、道德归罪只能导致小说简单化。好的小说给读者提供的不是确定的道德归罪,政治正确,而是独特的道德疑惑的发现。如果仅仅做出简单的道德判断,那么,而且义正词严斩钉截铁不容置疑,那就没有必要去写小说。正如罗格里耶所说的:"假如他有能力给它提出一个更为简单的定义,或者用清晰的话语把他二三百页的书简化为某个信息,一个词一个词地解释其运作,一句话,给出它的理由,那么,他就感觉不到需要写这本书了。因为,艺术的功能决不是阐明事先就明了的一个真理——或者甚至一个疑问,而是为世界产生一些还不甚明了的疑问(也许,到最后,还有答案)。"[①]艺术的任务是为世界产生不甚明了的疑问,那么关于道德的叙述,对于艺术来说,重要的不是进行简单的道德归罪、道德审判,而是发现关于道德的不甚明

---

  ① 阿兰·罗伯-格里耶:《为了一种新小说》,余中先译,湖南文艺出版社,2011,第 14—15 页。

了的疑问。这样的话,描述、呈现不被世俗道德所允许的带有异端性质的道德疑问其实是小说表达的题中应有之义。

显然,小说不能按照社会学的政治正确来安排道德。那样的话,小说便会只具有宣传的功效,而不具有表达更丰富意蕴的能力。我们社会学的政治正确往往是按照社会道德律令从外部对人的行为进行评价。这样往往就把人的善、恶给简单化了。小说应该围绕小说中人物的内部展开。即便是传统意义上的恶人、不正经者、犯罪者,他们的行为都有他们自己的伦理支持,小说就是要表现出他们的伦理支持,这样,才能把生活的多元性和丰富性表现出来,才能让我们更好思考人性和人性的复杂性。小说不是道德说教。小说家是通过自己的笔创造一个世界。因而,评价小说的质量也不应该以世俗道德和政治律令为准绳,或者强调某种深度模式。关键是,不管写什么,小说家通过自己的创造,能够引起我们的震惊和思考,能够有一种独特的发现,而这个发现是和艺术形式无法分开的,这才是评价小说优劣的准则。这就是《卡尔曼》《玉卿嫂》,以及《洛丽塔》令人难忘的原因。不存在哪些小说因为表达的内容符合政治律令而天然高于其他小说。《卡尔曼》是法国作家梅里美的名作,小说发表后就产生了重大的影响。至今,小说已经发表了一百七十余年,但是这部小说依然在全世界有着广泛的影响,根据这个小说改编的歌剧《卡门》也一直长演不衰。从小说叙事看,《卡尔曼》小说情节结构谈不上复杂。小说分四部分,第一部分是介绍事情的起因,叙述者作为一个研究者在西班牙南部考察,遇到了小说的男主人公,一个正在被追捕的大盗何塞·里萨拉本戈亚。然而,叙事者没有举报这个大盗,还给他烟抽,给他食物吃,和他成了朋友,甚至在他有难时,给他通风报信,让他逃过了劫难。第二部分是叙事者遇到一个女子,这就是小说的女主人公卡尔曼。漂亮的波希米亚女子卡尔曼主动和叙事者搭讪,还要给叙事者算卦。但是在卡尔曼家,叙事者遇到了之前遇到的强盗何塞·里萨拉本戈亚,这个自称唐何塞的强盗送走了叙事者。回去后,叙事者发现自己的表不见了。当然,事后何塞·里萨拉本戈亚告诉叙事者,卡尔曼当时是想要抢光他所有的钱的,只是由于唐何塞的介入,才只偷了一块表。几个月后,叙事者再回到这个地方,当地神甫告诉叙事者,大盗唐何塞就要被处死了。叙事者去看望唐何塞,唐何塞给叙事者讲述了自己的故事。第三部分就是唐何塞给叙事者讲述的他和卡尔曼的爱情故事,这也是这篇小说的核心部分。简单来说,唐何塞原本是一个老实的山民,后来当兵也前途看好。可是在这个时候,他迷上了卡尔曼,还私自放走了原本应该判刑的卡尔曼。因此,他被削职,关禁闭。可是因此,他也和卡尔曼产生了密切的联系。后来,因为不可救药地迷上了卡尔曼,唐何塞杀了人,只好和卡尔曼一道,干起了走私生意。可是,他发现卡尔曼最爱的不是他,而是自由,卡尔曼似乎随时都能喜欢上一个人。而且,卡尔曼告诉他,她已经不爱他了。为了爱情,为了占有,唐何塞杀死了卡尔曼,自己也投案自首。第四部分写的是作者对吉卜赛民族的研究,这个实际上和小说核心内容关系不大。

小说中的卡尔曼在人群中总是很显眼,因为她长得很漂亮,而且故意在男人们面前表现得很放荡,而且,这个女性还聪明伶俐,敢说敢做,充满冒险精神。这些,都足以让卡尔曼这个形象极其与众不同。当然,卡尔曼这个形象之所以能够感染一代代读者,影响达百年而影响力毫不衰退,很重要的原因还在于她对自由的坚守。她好像是一个自由的精灵,她蔑视一切限制自由的禁律、规则,她有能力来去自由。当然,最后她也为自由而死,在某种程度上,她好像是一个为自由而生,为自由而死的精灵。不过,从社会道德的层面,卡尔曼也有很多问题。我们这个世界上有很多种美德,如果一个人兼具了这所有的美德,那他将是毋庸置疑的圣人、完人。但是,这个世界上不可能存在这样的圣人,因为在我们这个复杂的世界上,很多美德之间也是互相矛盾的。卡尔曼最打动人的地方是对自由的坚守,或许因此,这个大胆、泼辣、风骚而敢爱敢恨的女子,就成为很多人佩服、欣赏的对象,因为,在现实生活中,我们很多人虽然热爱自由,但是,却并不能做到坚守自由。我们有太多的实利性的因素需要考虑,为了现实利益,我们往往会选择放弃那些对我们而言似乎不太重要的东西。不幸的是,自由,在现实生活中,往往也就是我们放弃的对象。不过,这不妨碍我们在自己的内心深处保留有对自由的某种向往。可是,当卡尔曼把自由当作生命中最重要的价值准则的时候,她也必然失去我们现实社会所强调的另外很多美德:卡尔曼不愿意让社会规则阻碍自己的自由,于是,她就成了走私团伙的重要成员,换言之,卡尔曼是社会规则的破坏者,是一个犯法者;卡尔曼为了冲破社会规则对她的阻碍,动用她自己所有的力量,这当中,她最重要的力量便是她的美色,换言之,卡尔曼是一个利用自己的肉体为自己的利益服务的人;在逃亡途中,在同伙负伤之后,卡尔曼坚决反对唐何塞带上同伙,而是默许自己的丈夫加西亚把这个负伤的同伙打死,显然,她也是毒辣而不强调感情的;卡尔曼热爱自由,热爱爱情,而且,她不允许让爱情成为自己新爱情的羁绊,换言之,我们这个社会中强调的忠贞这样的美德和卡尔曼是没有任何关系的;为了自由,卡尔曼不允许情感羁绊自己,所以,卡尔曼在自己的情人杀死自己的丈夫之后,她并没有表示任何的反对和愤怒,在喜欢上一个斗牛士之后,立刻就冷酷地对旧情人说分手,她这样的行为、情感,大约和薄情寡义、水性杨花等我们现代世界中的这些负面的词汇没有太大的区别。也就是说,梅里美塑造的这个卡尔曼,并不像我们想象中的那样美好,仅仅代表自由。事实上,在我看来,这个人物形象就呈现了作家对道德复杂性的思考。按照我们社会的伦理法则,卡尔曼几乎可以算是一个十恶不赦的恶魔。想想吧,如果你身边有这样一个女人——放荡,为了利益可以伙同情人杀死自己的丈夫后还和情人关系密切,有了新情人之后就毫不客气地把旧情人一脚蹬掉,你会觉得她很可爱、很美好吗?事实上,这样的人,往往就是我们所看到的报纸或者花边新闻中的那些负面人物,我们曾经对她们极尽唾骂之能事的。可是,当我们唾骂完花边新闻中的那个负面人物后,捧起书本,我们又为卡尔曼感慨唏嘘。其实,梅里美只不过是从卡尔曼的伦理重新阐释了她的生命道路。不错,社会有规范的伦理、法则,但是作为每一个个体,也都有自己的生存伦理。所以,即便是一个十恶不赦的杀人犯,如果进入他们的思维、逻辑之中,我们也能发现他们行为的合理性。

我们通常习惯以文明与自然的冲突来评价唐何塞和卡尔曼这两个人:唐何塞虽然加入了卡尔曼他们波西米亚人的走私团伙,但是根本上,他还是一个来自文明世界的文明人,所以他还强调很多的规则和戒律;而卡尔曼,则完全是一个不知现代文明为何物的自然人,根本不懂现代文明社会的礼义廉耻,自然也不会被礼义廉耻束缚。那么,这两个人在一起,肯定会产生矛盾的。所以,他们的问题,是文明与自然的矛盾。可是问题是,即便是大自然也有自己的规律,任何一个自然人,也必须遵守大自然的规则才能生活下去。所以,自然人也肯定是有规则必须要遵守的,绝对的自由在这个世界上是根本不存在的。这样来说,卡尔曼根本就是作家关于人类某种可能性的想象,而无关生活现实。换言之,所谓文明与自然的冲突并没有那么大。在我看来,小说最重要的问题便是点出了一个带有异端性质的道德疑问,我们社会道德规范所强调的忠贞、守法等规则在和自由这种人的基本天性相冲突的时候,什么价值才是最重要的,换言之,小说深入探讨的正是人欲与道德规范的矛盾。

台湾作家白先勇的《玉卿嫂》也是探讨人欲和道德矛盾的优秀作品。小说中的玉卿嫂三十来岁,原本是一个富家少奶奶,但是在丈夫去世之后,为婆家所不容,只好自己出来做工,做了人家的女佣。玉卿嫂形象出众,追求者众多,甚至,玉卿嫂还有成为少奶奶的机会——一个富户曾经用心追求过玉卿嫂,可是玉卿嫂在面对这众多追求者的时候,却目不斜视毫不动心。小说的叙事者"我"就是玉卿嫂负责照料的小孩,"我"因为和玉卿嫂关系密切,就发现了玉卿嫂的秘密——她有一个秘密情人,是一个二十岁左右的脸色苍白的青年,叫庆生。小说叙述了两人成为情人的原委——庆生因为害痨病,被家人抛弃,是玉卿嫂救了他,并且自己做女佣来养活他。可是,悲剧总是出人意料地发生。庆生在随"我"看了几次戏以后,就喜欢上了一个名叫金燕飞的女演员,而这个金燕飞形象妖娆,本来也是追求者众多的,可是,偏偏她也就看上了庆生。于是,庆生和金燕飞恋爱了。玉卿嫂发现庆生的秘密之后,曾多次哀求庆生不要和自己分手。可是,年轻的庆生现在要去追求自己的新生活了。小说的结局是,失望的玉卿嫂最终杀死了庆生,并且自杀了。她用这种方式留住了庆生。对于这部小说,很多论者探讨悲剧的根源,将之归罪于封建道德是束缚,或者将之归因于玉卿嫂的性格悲剧,以为是玉卿嫂的依附意识导致了最终的结果。将最后的悲剧归因于玉卿嫂的依附意识,在关于这个小说的评论中似乎非常适用,因为玉卿嫂是女性,而依附男性又似乎是中国几千年文化给女性带来的必然选择。不过,这种依附意识之类的说法看上去似乎有深度,却经不起推敲。如果说因为情人要离开,为了不让情人离开,便杀死情人,最后殉情自杀就属于依附意识的表现的话,那么,《卡尔曼》中的唐何塞是不是也有依附意识呢?他也是无法接受卡尔曼的离开,所以才杀死卡尔曼的。这种杀人的动机,和玉卿嫂是非常接近的。在我看来,玉卿嫂的悲剧和所谓的封建道德束缚之类的说法没有任何关系,归根结底,小说就是探讨了人的一种复杂的道德状态——强烈的欲望与社会道德之间的冲突。从个人品质上，玉卿嫂无可挑剔，虽然追求者众多，但是她品行端庄，始终不为骚扰所动。而且，玉卿嫂是一个坚信爱情的人，所以，虽然有富人的追求，她宁愿守住自己清贫的生活、贫穷的情人，也不愿意去过没有爱情的生活。玉卿嫂的悲剧并不是外部的干涉造成的，她和庆生的爱情在当时虽然有些惊世骇俗，不过，毕竟还没有人知道他们的爱情。所以说，这个悲剧和封建道德束缚有关显然也没有根据。悲剧的起因是庆生要离开玉卿嫂。对于庆生的离开，我们显然可以理解，他在走投无路时候，被玉卿嫂挽救，在还不是非常懂爱情的时候，就被玉卿嫂的爱情所挟裹。所以，他对玉卿嫂的感情，很难说是真正的爱情。所以当他觉得自己年纪足够大了，当他觉得自己找到真正的爱情之后，玉卿嫂便成了他走上自己新生活道路的障碍。玉卿嫂救了他，玉卿嫂使他从一个男孩变成一个男人，但是，这个男人现在要去寻找新的生活了。对于他来说，玉卿嫂的使命已经完成。不过，这对于玉卿嫂来说，显然是残酷的，因为玉卿嫂是全部身心地爱着庆生的。所以，对于她来说，庆生的离去，就意味着她生命意义的终结。她一定要尽全部力量来挽留庆生。这就是悲剧爆发的根本原因，和种种外部的社会规范、束缚无关，和人性、欲望有关。小说表现的便是在欲望与人生困境之中挣扎的道德。所以，对于玉卿嫂，我们显然很难用一个单纯的词汇来表现她，上帝与魔鬼在她身上同在。人性的复杂、道德的复杂,我想,这就是这部小说想要表达的。

《卡尔曼》和《玉卿嫂》所表现的道德是矛盾的、复杂的,但是,毕竟还是可以言说的。某种程度上,纳博科夫显然是一个更为大胆的作家,他的《洛丽塔》呈现出了长期在黑暗中滋长的某种特殊隐秘的情感。在《洛丽塔》这部小说的封底,有一段话用来介绍这部小说:"作为一份病历,《洛丽塔》无疑会成为精神病学界的一本经典之作。作为一部艺术品,它超越了赎罪的各个方面;而在我们看来,比科学意义和文学价值更为重要的,就是这部书对严肃的读者所具有的道德影响,因为在这项深刻的个人研究中,暗含着一个普遍的教训:任性的孩子,自私自利的母亲,气喘吁吁的疯子——这些角色不仅是一个独特的故事中栩栩如生的人物;他们提醒我们注意危险的倾向;他们指出具有更大影响的邪恶。《洛丽塔》应该使我们大家——父母、社会服务人员、教育工作者——以更大的警觉和远见,在一个更为安全的世界上培养出更为优秀的一代人而做出努力。"[1]在我看来,写下这段话的人要么是为这部书的出版指出一个光明的现实前景,要么就是彻底误解了纳博科夫。《洛丽塔》显然和介绍现实的社会教训无关,纳博科夫

---

[1] 作者不详,见《洛丽塔》封底,上海译文出版社,2005。

想要表述的,就是一种一直在黑暗中运行的不被社会道德许可的某种黑暗道德的合理性。《洛丽塔》表现的是一个成年男子亨伯特费尽心机占有一个少女洛丽塔的故事。小说中的亨伯特有恋童癖,在他的感受中,九岁到十三岁的女孩最为性感——那是风华正茂的少女或者成熟女性所远远不能比的。从这里我们可以看出,亨伯特是一个和我们正常人不太一样的人,自然,他的这种诉求也被社会道德视为变态的、不正常的诉求。一旦把这种诉求呈现出来,是注定要受到社会的歧视及惩罚的。于是,这种变态的激情便只能在黑暗中疯狂滋生、蔓延。小说以亨伯特自述的方式,详细呈现了他占有一个十三岁女孩洛丽塔的过程。小说是以亨伯特自述的形式完成的,我们当然也可以得以循着亨伯特的伦理思路前进,来理解这个社会正常道德所谓的变态产生的原因,以及他自身的无奈与激情。在某种程度上,亨伯特是不自由的。他占有洛丽塔,就是他自身道德极其堕落、低下,就是想以猥亵小女孩作为自己生命的乐趣。问题的关键是,亨伯特身不由己,他有少女情结,所以,他只喜欢小女孩。小说详细交代了亨伯特少女情结形成的原因,他十三岁那年,喜欢上了和他同岁的安娜贝尔。一天晚上,亨伯特和安娜贝尔在他家的后花园里偷偷地约会,当他们将要接吻的时候,家人的呼唤打断了他们。后来,在海边一个隐秘的地方,两个孩子正在哆哆嗦嗦互相被诱惑的时候,突然有两个人从海水里面出来,还朝他们喊着下流话。这两个正在对性进行朦胧探索的孩子被吓住了。之后不久,安娜贝尔生病去世。于是,那种神秘的、刺激的关于性的感受,因为安娜贝尔的去世,就永远封存在亨伯特童年的感受之中。事实上,如果安娜贝尔没有去世,如果安娜贝尔之后和亨伯特继续了他们性的游戏,并且和他一起长大、结婚,那么,亨伯特也许就不会只对那个年龄段的女孩感兴趣了。可是,因为安娜贝尔而的突然去世,十三岁女孩儿带给他的那种独特的性感受就构成了他的一种情结。生活中的亨伯特也和成年女性保持着我们所谓的正常的性关系,但是,这和他内心的那个情结距离十分遥远。这些女性,成熟的女性,都不能带给他关于性的最美好的感受。那个早逝的安娜贝尔成了他衡量每一个女性的标尺。亨伯特是成年人,也是一个知识分子,作为成年人他显然知道自己这种情结是有问题的,所以,他一直很小心地隐藏着自己的这种不被社会允许的情结,但是,作为一个知识分子,他又渴望能为自己的行为找到合理、合法的依据——即使是在监狱里他写这部回忆录的时候,他还在寻找历史文献中各种各样九岁到十三岁的少女能成为人妻或者情人的法律条文来做他的证据,用来证明他内心里那个情结存在的合理性。的确,某种程度上,亨伯特是有资格追求自己的幸福的,"人人生而平等,造物主赋予他们一些不可剥夺的权利,其中包括生命权、自由权和追求幸福的权利",这是《独立宣言》中的名言。如此说来,亨伯特自然也有追求自己幸福的权利。但是,按照社会伦理,亨伯特的幸福却又是极其不道德的,不道德的幸福,自然也不配得到社会的祝福。毫无疑问,亨伯特的一生也是痛苦的,这痛苦源于他的疯狂而隐秘的情结,源于他对十三岁的安娜贝尔的痴情。这种恋童癖也许自古就有,一直存在,但是一直存在黑暗的最深处,从来都不敢冒出历史的地表。现在,纳博科夫把它呈现出来了。当然,当纳博科夫将这种疯狂隐秘的情感呈现出来之后,一个道德困境也随之呈现,按照社会伦理,亨伯特的行为是不道德的,可是问题是,这种行为对于他自己的感受来说,这是道德的,而这个自己身体的感受,恰恰又是他自己的道德感所不能控制的。那么,亨伯特应该怎么做才算是道德的呢?遵守社会道德,压抑自己的身体感受?那这样做的话,是不是又是对自己身体的不道德呢?道德的困境再次呈现出来。

《卡尔曼》《玉卿嫂》《洛丽塔》这些小说都着意呈现出人类道德的某种困境,提醒我们,在这个世界上,总有一些疯狂的情感在不被社会允许的黑暗中悄然运行。道德鲜明的小说可以起到宣传品的作用,可以被作家用来一泄胸中闷气,或者表达自己简单直接的观点。特别是当下传媒发达时代,我们在生活中并不缺少政治正确的话语。但小说这样搞的话,往往就会成为种种社会政治正确话语的二道模仿,失去存在的价值。在一个充满肯定性话语、权威性话语的时代,在一个不缺少政治正确的信息的时代,我们更缺少的是对生活的悬疑,缺少对生活多面性的认知。小说的道路不是政治正确的宽阔大道,而是人性、情绪、人的行为动机这样一条蜿蜒曲折的羊肠小道。这个小道才能带小说去到正确的地方。我们不否认有着强烈政治正确倾向性的小说可能会出现优秀作品,比如其中强烈的道德渲染力会打动读者。这种道德渲染力也是艺术。但是,对现代小说来说,表达政治正确方面小说已经不如最优先的媒介,这是在以小说之短对新闻之长。更为有效的小说语言应该是抛离政治正确,寻找人性的自然发展。复杂的生活、复杂的生命,复杂的道德及存在状况,才是小说应该表达的。或许对这复杂的道德的表述意味着某种冒险,但是,人的存在一定不是按照社会教科书那样规范的,所以,社会教科书规定的道德规范肯定也不是我们生活中所践行的道德规范的全部。相比较宣传普适性的大众接纳的道德标准,表现出黑暗中艰难进行的人类的道德的挣扎、道德的困境,以及道德与不道德边缘的徘徊,可能是典型的羊肠小道,不过,对小说来说,羊肠小道才是正道。

三

美国女作家弗兰纳里·奥康纳虽然只活了39岁,但是在文学史上却留下了独一无二的痕迹,她小说透彻独到的写作视角、充满寓意的象征都充分显示了一个优秀作家的特质。她也被称为是继福克纳之后,美国南方最杰出的作家。不过,奥康纳最为人熟知的,是她的"邪恶"。著名诗人T.S.艾略特读过她的小说集《好人难寻》之后说:"可以肯定,此人身上有一种奇异的天赋,才艺当属一流,可是我的神经不够坚强,实在承受不了太多这样的搅扰。"当然,读完奥康纳的小说产生这样感觉的人,绝对不只是艾略特一个人,甚至可能是所有人。奥康纳笔下的人物结局多半极其糟糕,往往不是死亡就是被毁灭,小说的结局往往会让读者目瞪口呆。据说,奥康纳的姨妈曾经对她的小说委婉地提出过自己的意见,"都没人结婚"。不仅没有人结婚,而且,她小说中的人物还不断在死亡,或者遭受厄运。在某种程度上,我们可以说,奥康纳之所以被称为"邪恶的奥康纳",很重要的原因就在于,她的小说极大地挑战了社会、大众所习惯的道德边界。

《好人难寻》是奥康纳最著名的小说。小说讲述的是一家六口人在旅行途中遭遇意外,被越狱者杀人灭口的故事。这个故事听上去非常残酷，不过，小说的前半部分可不会让人产生一点残酷的感觉，甚至充满了乐趣。小说中的一家人打算驾车去佛罗里达旅行，但是家中的老太太想借此机会去见一下老熟人，就力劝儿子改变计划，去东田纳西旅游。老太太的儿子沉默寡言，对于自己母亲的提议根本不予回应。老太太的努力遭到了孙子、孙女的嘲笑。而且，因为舍不得自己的宠物猫，她还违反儿子的要求，偷偷地把这只猫装进篮子带上了车。在路上，因为想去看看自己年轻时去过的一座种植园，就骗孙子说那座老宅子里藏有财宝。在这个过程中，因为她的不小心，踢翻了藏猫的篮子，导致猫窜出，影响了儿子开车，最终翻车。到此，厄运已经不可避免了。因为翻车，他们在寻求帮助的时候，正好引来了以"格格不入"为首的三个越狱逃犯。因为老太太认出了"格格不入"，这一家人立刻就被三个逃犯杀掉了。小说就以一家人的死亡，以及逃犯的离开作为结束。当然，逃犯"格格不入"杀死老奶奶之后，说了一句："她可以变个好人，要是每分钟都有人对她开枪的话。"老太太在小说中的确非常话多，但是，话多就应该受到这样的惩罚吗？小说充满了邪恶的味道。那当然，之所以称奥康纳为"邪恶"，是因为，像这样"邪恶"的小说在奥康纳小说中并不少见。《善良的乡下人》中的欢姐学识渊博但是形象丑陋，而且还失去了双腿，是一个没有任何男人喜欢的处女。有一天一个卖《圣经》

的乡下人遇到了欢姐,他把她引诱进树林,进了谷仓,接着又引诱欢姐去掉她的假腿。当欢姐真的去掉自己的假肢后,这个乡下人就开始了残忍的表演。他把欢姐的假腿扔到一边,又给她看淫秽图片,对她说淫秽的话。当受辱的欢姐声嘶力竭地喊叫"把我的腿给我"时,这个乡下人却无动于衷,甚至还说:"又一次我用同样的方法弄到一个女人的玻璃眼珠。你别以为你能抓住我,因为我不姓波恩特。我每到一家都换个名字,在哪儿都待不长。我再告诉你一件事,胡尔加。"他不以为意地叫着她的名字说:"你还不够聪明。我生下来就什么都不信了。"最后,这个"善良"的乡下人,把失去假腿的欢姐遗弃在谷仓内。《救人就是救自己》讲一位老妇人把和自己相依为命的智障女儿嫁给了一个看上去好心、能干但有些残疾的流浪汉,流浪汉修好了老妇人家里熄火多年的旧车,向老妇人要了些钱,说要携妻子驾车出游。可是在途中,他却将智障的妻子丢下,独自开着汽车一去不回……

毫无疑问,奥康纳的这些小说都透露出邪恶的味道。邪恶不是因为悲剧、死亡,充满死亡、悲剧的小说很多——比如余华的《活着》中富贵身边的亲人就一个接一个全部去世了,但是悲剧、死亡并不等于邪恶。之所以说奥康纳的这些小说透露出邪恶的味道,是和作家的态度有关。从小说叙事来看,奥康纳似乎对她笔下这些受害的弱者缺乏同情,相反,她似乎是以欣赏的目光注视着凶手欺凌或者屠杀弱者。那些弱者，在奥康纳这里，得到的甚至是嘲讽、戏谑。比如《好人难寻》中的老太太。《好人难寻》中显而易见的主人公就是老太太，不过，从小说叙事看，这个老太太的确是让人讨厌。她爱打小算盘，为了能见老熟人，想方设法让家人改变旅游计划，而且，在路上，为了能去她年轻时到过的一座种植园，她以藏宝为诱饵，鼓动小孩子向自己的儿子施压，最终达到目的；她爱慕虚荣，和别人聊天，装作不介意的样子提到自己年轻时的追求者："谁让他是位绅士，而且在可口可乐的股票一上市时就囤了不少呢？"旅游出发之前，把自己打扮得整整齐齐，因为她想"万一发生车祸，她死在公路上，所有人都能一眼认出她是位有品位的太太"；当然，话多、喋喋不休是她最明显的标志，她的嘴巴总是在不停地活动，而从她的嘴巴里出来的也不过是一堆肤浅的陈词滥调。所以，一直到"格格不入"出现之前，老太太其实就是小说中的笑料。而且，追根溯源，这一家人的死亡也和老太太密切相关：如果不是她为了去年轻时去过的种植园，蛊惑着大家往这条路上走，他们就不会碰上"格格不入"；半路上，老太太已经发现自己的记忆出现了失误，往前走并不能到达老宅子，可是，她却不愿意承认错误，让他们往撞上"格格不入"的道路上一往无前地走了下去；如果不是老太太私自把家里的猫带上，并且在车上惊动了猫，猫就不会惊吓住老太太的儿子,也就不会翻车;如果在遇到"格格不入"的时候,老太太的嘴不那么快,说出对方就是逃犯,"格格不入"也许就不会为了灭口而杀人……这样的小说叙事,似乎就是在呈现:一个令人讨厌的人,在她一系列令人讨厌的举动之后,最后终于得到了惩罚。当然,小说的"邪恶"也正在这个地方——老太太虽然令人讨厌,但是总不应该因此而付出生命的代价的,但是小说却似乎对老太太这一家人的死亡没有呈现出任何的同情、怜悯,反而让"格格不入"最后说出了"她可以变个好人,要是每分钟都有人对她开枪的话"。

当然,我们认为的奥康纳的邪恶,也许是我们对她的误读。奥康纳的写作几乎都和宗教有关。她本人是一位虔诚的罗马天主教徒,她一生都坚定地信仰天主教,似乎没有经历过任何信仰危机。她说:"我是站在基督教正统教派的立场上看世界的。这意味着,对我来说,人生的意义集中于基督对我们的救赎,世间万物在我的眼里无不与此有关。"她对自己的令人费解的小说主题也做出了解释。她说:"我的小说的主题就是:上帝的恩惠出现在魔鬼操纵的领地。"她又说:"每一篇出色的小说里都有这样一个瞬间:你可以感觉到,天惠就在眼前,它在等待被人接受或者遭到拒绝。"奥康纳还强调:"我发现,暴力具有一种奇异的功效,它能使我笔下的人物重新面对现实,并为他们接受天惠时刻的到来做好准备。"当然,即便知道了奥康纳的主题,但是如何把她所谓的天惠、暴力和天惠的关系等与她的小说联系起来还是有一定难度的,好在比目鱼对奥康纳的小说,对《好人难寻》做出了令人信服的解读:

  奥康纳交给我们的两把钥匙此时碰撞在一起,发出叮当的声响。很多读者会认为:老太太最后的那句话和那个抚摸的动作是她为了自救而使出的最后一招,"格格不入"因为受不了她的肉麻而将其击毙。然而,在奥康纳看来,此时此刻正是老太太的"天惠时刻",在暴力的强烈冲击下,她忽然看清了自己,也看清了自己对面的"格格不入",她突然顿悟了,发现自己本质上并不比这位逃犯高尚,她以前肤浅的价值观忽然被一种大爱所代替,于是她对身穿自己儿子衣服的"格格不入"说出了整篇小说中她说过的唯一一句真诚的、深刻的、发自内心的话:"你是我的儿呢,你是我的亲儿!"而这一时刻对于"格格不入"来说也是一种"天惠时刻",虽然这位冷酷的虚无主义者并没有接受这一天惠,而是本能地开枪杀死了老太太,但是,这一时刻仍然撞击了他的灵魂,并有可能改变他的一生。在小说结尾,这位刚才还在宣称"不干点儿坏事儿就没乐趣"的逃犯此时却对他的同伙说:"人生没有真正的乐趣。"而接受了"天惠"的老太太虽然结束了生命,但她在生命最后的时刻超越了自己,她死去时已经不再是小说开始时那个自私、虚荣、肤浅、伪善、自以为是的人,她"像孩子一样","面孔朝向无云的天空微笑着"死去了,她应该能在天堂里享受快乐。①

也就是说,奥康纳的写作是极其强调精神性的,她认为对于人类来说,精神获得救赎是非常重要的。我们很多人都在某种程度上和《好人难寻》中的老太太一样,有着很多的问题,在正常情况下,我们甚至认识不到自己的问题。就像《好人难寻》中的一家人一样,老太太原本虚荣、自私、肤浅而自以为是,老太太的儿子则阴沉,对母亲缺乏应有的尊重,小孩子面对奶奶也明显缺乏教养。一家人都是有问题的。可是,在暴力对他们进行终极判决之前,这一家人都迎来了自己的天惠时刻:一直对老太太都非常无礼的儿子在临死前对老太太很礼貌地告别;老太太迟钝的儿媳妇在最后时刻也非常有礼貌;老太太则如比目鱼所分析的那样,突然看清了自己,也产生了大爱。

不过,也许这种解释在某种程度上仅仅适用于奥康纳本人。对于我们普通读者来说,对于我们不信仰宗教,不相信来生的读者来说,这种要以生命为代价的精神的救赎显然是没有任何意义的,而以我们以为的没有任何意义的所谓的精神的救赎为借口便拿走一个人的生命,这仍然是邪恶。也就是

---

① 比目鱼:《奥康纳为何如此"邪恶"?》,见比目鱼《刻小说的人》,新星出版社,2014,第41—42页。

说，无论如何，在普通读者这里，奥康纳显然是邪恶的。毫无疑问，奥康纳的书写是在挑战我们一般人的道德极限。奥康纳的小说，比如《好人难寻》，给我们的感觉是，好像有一个人在说一桩凶杀案，而这个叙述者对于凶手没有任何道德的谴责，相反，对于可怜的受害者则极尽嘲讽、戏谑之能事。当然，这也是奥康纳与众不同引人注目的原因所在，无论是谁，看到这样一种笔调来书写受害者，都一定会震惊的。可以想象，如果新闻媒体以这样的姿态来述说一桩凶杀案的话，那么一定会引起轩然大波。显然，奥康纳的小说之所以是在挑战我们的道德极限，主要在于作家的叙述姿态，即以我们惯常所谓的冷血的方式在诉说强者对弱者的戕害。那么，问题是，我们是否可以以这样冷酷的姿态来面对死者，诉说受害者。如果可以的话，奥康纳这样的叙述能带给我们什么样的思考呢？毫无疑问，在日常生活中，我们肯定是不能以这样冷酷的姿态来面对死者的。中国有句俗话叫"人死为大"，也强调"为尊者讳，为死者讳"，当然，这显然不仅仅是中国的观念，而应该是一种世界性的观念。所以，如果有人以奥康纳这样的姿态来诉说一场凶案的话，我们一定会批判诉说者缺乏怜悯心，缺乏同情心，缺乏正义感。当然，这也是奥康纳的小说让我们耳目一新的原因——我们在日常生活中很难见到这样的叙述。可是，如上所述，奥康纳这样书写，不是因为她自己本身就是邪恶的,或者歹毒的,乐意看到人的死亡,而是因为,她更加看重的是人的精神的救赎。她书写死亡,书写死者,就是要呈现凶手及死者的某种天惠时刻。所以,至少从小说叙述者的逻辑上,我们所谓的邪恶,是不成立的。而且,更有意义的是,在我看来,在某种程度上,借助这些看似邪恶的叙事,奥康纳让我们得以审视我们日常生活中习焉不察的我们自身具有的庸俗的恶习的危害,让我们更为清晰地观察到人性的阴暗。就以《好人难寻》为例,小说中的老太太虚荣、自私又喋喋不休,还时刻以善良人自居,正是因为她的一系列问题,才使得这个家庭遭遇了灭顶之灾。在我们现实生活中,老太太这样的人很多,甚至我们自身也都有某种程度的老太太的某些特质,可是,现实生活中的我们却总是习惯以善良人自居,而很少关注自身的问题。《好人难寻》正是因为没有急于以道德的姿态去谴责凶手,或者以人道主义的姿态关注受害者,才凸显出了老太太及其一家人自身的问题,这样,也把老太太及她一家人的问题放大到了极限,呈现出我们人性中为我们习焉不察的阴暗,从而引发我们的反思。或许,这就是我们普通的缺少宗教信仰的读者读奥康纳小说获得的另外的启示了。

有趣的是,奥康纳这种冷血的叙事,反而引起了广泛的赞誉,卡佛就认为奥康纳眼中存在着另外一个世界。马原对奥康纳更是佩服得五体投地,他说:"奥康纳要是不做小说家,真是天理都难容。"①奥康纳这种"冷血"的叙事反而引起广泛的赞誉,其实正说明了小说不同于其他话语的地方,不同于新闻话语的地方,小说不要求中规中矩绝对正确,在道德问题上不能有一丝一毫的偏差。小说强调的是不断冲击道德的边界,也正是在这不断的冲击中,对我们既往被遮蔽的隐秘的世界进行敞亮。正如《好人难寻》,奥康纳在表达自己关于精神救赎的主题的同时,在呈现某种"邪恶"性的同时,小说也让我们对自身在日常生活中难以自察的庸俗之恶有了更为清晰的体察。

当然,我们强调小说对道德边界的不断探寻,绝不意味着所有的道德话语在小说中都是合理的,那种为极权主义辩护的,为反人类的行为辩护的道德永远都是不道德的。强调小说对道德边界的探索,毋宁说是,探寻我们习以为常的道德给某些极具个人性的道德所造成的压力是否合理,是对某些偶然性命运的体察,无论是《玉卿嫂》,还是《洛丽塔》无不是如此。

小说的道德不是社会的道德,小说有自己的道德。

---

① 弗兰纳里·奥康纳:《好人难寻》,於梅译,吉林出版集团,2017年版,书背。

第五章　小说与趣味

一

小说在中国古代一直难入文苑。这和当时知识分子对小说的认知有关，这种文类，属于小道。孔子说："虽小道，必有可观者焉，致远恐泥。"也就是说，小的技艺虽然也有一定的可取之处，但是对远大的事业而言，恐怕就没有太大意义了。所以，君子弗为。有远大志向的君子看不上小说，这就导致小说只能流传于引车卖浆者流。所以《汉书·艺文志》中给小说下的定义是，"小说者，街谈巷语之说也……"当然，这种关于小说的认知，到了中国近现代突然发生了巨大的改变，梁启超突然开始强调小说的重要性，"欲新一国之民，不可不先新一国之小说。故欲新道德，必新小说；欲新宗教，必新小说；欲新政治,必新小说;欲新风俗,必新小说;欲新手艺,必新小说;乃至欲新人心,欲新人格,必新小说。"①而且,梁启超不仅热情提倡小说,还主动操刀,自己撰写小说,写了《新中国未来记》。在近现代的中国,梁启超应该毫无疑问算作胸怀大志的君子了。从先秦时期君子看不起小说,到近现代时期君子主动强调应该大力发展小说,甚至自己主动去做小说,小说的命运发生了巨大的逆转。这不能不让人感慨沧海桑田命运无常。当然,要迎来命运的逆转,也还需要当事者有足够长的寿命——小说在不被主流认可的情况下从先秦绵延至晚清,可谓命硬。

同先秦时期的君子一样,梁启超也是谋划大事的人物,但是他没有觉得做小说"致远恐泥",很重要的原因在于,他发现了小说的巨大影响力。虽然存在于引车卖浆者流之中,但是小说却一直坚韧生长,康有为曾经感慨小说流传之广,"仅识字之人,有不读经,无有不读小说者"②。也正是因为小说的流行,以至于梁启超以极其夸张的语言提倡革新小说,梁氏极力鼓吹革新小说,显然看重的是小说的娱乐性,它比那些枯燥

---

① 梁启超:《论小说与群治之关系》,《新小说》1卷1号,1902年。转引自陈平原、夏晓虹:《二十世纪中国小说理论资料》(第一卷),北京大学出版社,1997,第50页。

② 康有为:《日本书目志》卷十四,上海大同译书局刊。转引自陈平原、夏晓虹:《二十世纪中国小说理论资料》(第一卷),北京大学出版社,1997,第29页。

乏味的高头讲章要有意思得多。换言之,小说是有趣的。因为有趣,小说就能在官方不提倡的情况下,吸引很多读者。力图改变国民思想的梁启超认为,小说的有趣就可以用来为改造国民思想服务。显然,小说的有趣乃是它吸引梁启超的重要原因。当然,不仅如此,小说在不被官方提倡的情况下,能绵延数千年,一脉不绝,直至后来发扬光大,原因也在于有趣。小说也曾经被官方查禁。元、明、清三代查禁小说,虽然屡有查禁,但当时"士大夫家几上,无不陈《水浒传》、《金瓶梅》以为把玩"①。士大夫之所以冒着官方查禁的危险仍然阅读小说,显然不是想要为广大这类文体而出力,不过也是因为小说有趣,而不舍得丢弃而已。也就是说,小说能历经数千年不绝,应该和它的有趣密切相关。西方现代小说理论的奠基者亨利·詹姆斯也曾经强调:"我们在事前可以要求一部小说承担的唯一约束,而不致受到独断专行的责难的,就是必须让人感到有趣。它不能推卸这个具有普遍性的责任,但是这也是我所能够想到的唯一的责任。"②显然,有趣应该是小说最重要的特质,也应该是小说的重要标准。

---

① 昭梿:《啸亭续录》,录自孔另境编《中国小说史料》,上海古籍出版社,1982年新1版。转引自陈平原:《中国小说叙事模式的转变》,北京大学出版社,2010,第17页。
② 亨利·詹姆斯:《小说的艺术》,朱雯等译,上海译文出版社,2001,第10页。

当然,说到有趣,这又让似乎简单的事情变得复杂起来。如果趣味应该是小说的重要标准,那么,趣味的标准又是什么?俗话说,众口难调,所以对于不同的人来说,有趣这个概念的含义也应该是不同的,比如有读者喜欢诗化的小说,会认为诗化应该是有趣的标准,有读者喜欢故事,会强调故事性强应该是有趣的标准。虽然难以给小说的有趣做出一个非常明确的界定,但是我想,或许多元性也正是小说趣味的一个重要标准。只有存在趣味多元的小说,才能吸引到趣味多元的读者。不过,综合考虑小说几千年来主要受众的文化趣味,以及他们对小说可能的要求,我以为,这其中最为重要的趣味,或许和小说的故事性、传奇性有关。著名历史小说家高阳曾经给台湾作家张大春讲过一个说书人的轶闻,这则轶闻或能说明这一点。这则轶闻大意如下:杭州有说书人某,不详其姓字,擅长说评书《水浒》。又尤其擅长和武松有关的章节,而这和武松有关的章节中,他又尤其擅长说第二十六回《偷骨殖何九送丧　供人头武二设祭》。之所以这一回脍炙人口,恐怕和武松打杀西门庆的场面火爆惊人有关。一天,说书人说评书,说到"武松径奔到狮子桥下酒楼前",就该上楼厮杀了,忽然,说书人一拍惊堂木,说:"欲知后事如何,且听下回分解。"完了。按照施耐庵的《水浒传》定本,这一回的结束是武松杀了西门庆,提了奸夫淫妇的人头到武大灵前祭奠。但是,说书人于此处结束此回,显然也让听众对明天的内容更加期待。下台后,来了一个穿着体面的人,自称是说书人的书迷,然后,就给了说书人一包银两,说自己是个生意人,明天需要去上海一趟,这一去需要三天时间,这样的话,就听不到武松打杀西门庆这一节了。所以,烦请说书人拖上一拖,等三天后,他做完生意,从上海回来,再讲这一节。而且,如果能听到这一节,还有重谢。说书人允诺。这三天时间中,又在武松上楼之前加进了许多桥段,等三天之后,生意人回到杭州,但听得说书人惊堂木一拍,说,"且说那武松一步抢进酒楼,便问酒保道:'西门大郎和什么人吃酒?'……"[1]我以为,这个故事或许形象地说明了小说为何能在不被官方、主流接纳的情况下一脉不绝,反而最终发扬光大。通俗文学的固定化的类型故事,显然也正是作家对读者趣味寻找后,有意迎合读者趣味的结果。所以,如果要考察当下严肃文学市场日渐萎缩的原因,我以为,从网络文学的火爆中或许不难看出端倪。

当下严肃文学市场的萎缩,固然和外部新媒介的冲击有关,比如说电视、电影等声光化电在讲述一个故事的时候在很多时候比单纯地用语言讲述一个故事更有吸引力,比如极其发达的新闻媒介每天都在给读者传递很多耸人听闻的故事或

---

[1] 参见张大春:《小说稗类》,广西师范大学出版社,2010,第205—206页。

者消息,从而降低了小说对读者的吸引力,等等,但是,不可否认,在一定程度上和小说的自我阉割有关。当小说主动放弃自己的趣味,变得面目可憎、语言乏味的时候,怎么会能吸引到读者呢?听众请说书人暂停讲某一节,为此不惜花费大量金钱,显然是因为这一段在他看来是极其有趣的。所以,这个说书人在当时的位置,其实就类似于小说在当时的位置,他们正是凭借有趣吸引到了听众或者读者。在我看来,今天的严肃文学之所以日渐失去趣味,很重要的原因就在于作家们似乎有意在排斥小说的故事性或者小说的传奇性。翻开文学期刊,我们可以看到今天的很多小说都似乎满足于描述杯水风波,围绕一点点的小事情展开叙述。我当然不是否定,或者强调小说不能书写日常生活,事实上,我本人就非常喜欢卡佛的小说。我的意思是,不能是所有的小说都指向日常生活中的琐屑小事,而有意排斥小说的戏剧性或者故事性。小说并不是天然排斥故事或者戏剧性的,事实上,早期的小说是非常强调故事性或者戏剧性的。优秀的小说家能够在普通的日常生活中发现小说元素,但是这不意味着小说天然就只和普通日常生活有关,而排斥戏剧性或者故事(我以为这是很多作者的误区)。当我们的生活中匮乏很多故事性的时候,我们没有必要必须以故事性作为小说的重要特质。但是当我们生活中充满故事性、戏剧性元素的时候,当新闻媒介整天都能给我们提供大量耸人听闻、让人震惊的真实案例并以此吸引了大量读者的时候,为什么我们的小说却缺乏对生活戏剧性的观察能力了呢?小说并不排斥故事性。文学史上留名史册的十九世纪的那些伟大作品,比如《红与黑》《人间喜剧》,以及狄更斯的很多作品,不都是充满故事性的吗?在某种程度上,今天的中国作家是幸运的,因为处于巨变时期的中国每天都在发生着富有戏剧性的情节。王安忆就强调中国当代文学最宝贵的特质是生活经验,"这是不可多得,不可复制,也不可传授的写作。它源自于中国社会的激烈变革,每个人置身其中,共同经历着起伏跌宕,这就决定了新时期文学的写作者多是有着丰富的阅历……中国新时期文学传统中的作家,就像是一片肥田,水土特别丰饶"①。可是,如果单纯阅读文学作品的话,我们似乎很难从中发现当代中国的剧烈变动。巴尔扎克《人间喜剧》中的很多情节每天都在中国上演,但是,我们却并没有创作出我们自己的《人间喜剧》。

严肃小说当然不是取消故事、取消情节,只不过,相比较通俗小说,或者传奇故事,严肃小说更讲究故事的讲述方式,更强调发掘传奇背后的深意。当某些传奇故事、通俗小说仅仅注重情节的刺激性的时候,而小说则要关注在这紧张的情

---

① 王安忆:《小说课堂》,商务印书馆,2012,第 186 页。

节之后人的精神活动,以及这紧张情节背后隐含的东西。有人从乔伊斯、普鲁斯特、罗伯-格里耶这些现代主义大师那里似乎获得了现代小说的"真谛",就是取消故事,对此,罗伯-格里耶说得很好,"要是说,在现代小说中什么都不再发生的话,那就错了。同样,也不应该以传统人物的消失为借口,得出人不在场的结论,不应该把对叙述新结构的探寻,同化为一种对任何事件、任何激情、任何历险的单纯的取消。普鲁斯特和福克纳的作品中实际上是充满着故事的;但是,在普鲁斯特的小说中,一个个的故事分解了,而借助于时间上的一种精神建筑,又重新建构;而在福克纳的小说中,主题的展开以及它们的多种结合打乱了整个的编年时间顺序,以至于常常显得在重新挖掘,逐步地将叙述刚刚揭示出来的又重新淹没。而在贝克特那里,事件并不缺少,但是它们在不停地互相争辩,互相质疑,互相毁灭,甚至于同一个句子可以包含着一种确认,以及对它的立即否定。总之,缺少的并不是故事插曲,而仅仅是它确定的特性、它的稳定、它的天真"[①]。换言之,故事从来就没有离开过小说,故事的魅力也理所应当地成为建构小说趣味的主要元素之一。小说的价值和小说故事性强弱无关,关键在于作家如何解剖他笔下的生活或者故事。小说当然不

[①] 阿兰·罗伯-格里耶:《为了一种新小说》,余中先译,湖南文艺出版社,2011,第39页。

能仅仅满足于讲述一个动人的故事,或者讲述一个传奇,小说往往有更为丰富的东西需要表达。或者说,小说往往都是有宏大题旨要表达的,是要微言大义的。不过,更为丰富地表达主旨和动人的故事并不矛盾,甚至,动人的故事还能够吸引读者来阅读作品,并理解这故事背后的深意。有趣和宏大题旨并非截然对立。事实上,宏大题旨也是可以有趣的。比如说《红与黑》《人间喜剧》都是宏大题旨,但是这些小说很有趣,于是,就能够流传至今。德国作家帕特里克·聚斯金德1985年出版的小说《香水》表达的主旨不可谓不宏大,但是其表达的方式却是典型的通俗小说形式。小说描述了一个杀人犯的故事。格雷诺耶出生在十八世纪巴黎最臭的区域内一个臭鱼摊下,他出生之后就举目无亲,儿童时期就成为为别人谋取利益的工具。但是格雷诺耶有一个独特的天分,他能够嗅出各种气味的微妙的不同。为了制造出世界上独一无二的香水,格雷诺耶先后杀死了二十五名美丽的少女。通过蒸馏出她们的体香,最终他成功了。格雷诺耶努力的原动力是控制其他人,让别人爱自己。当他拥有这神奇的香水之后,他实现了他的愿望,闻到他的香水味之后,整个世界都匍匐在了他的脚下。甚至被他夺去了生命的少女的父亲,前一分钟还满腔仇恨,要为女儿报仇,但是闻到他的香水味之后,也立即放弃了找他报仇的想法。格雷诺耶的愿望实现了。可是他却突然感受到了幻灭感,最后,他把香水洒到自己身上,让一群杀人犯、斗殴者、逃兵、妓女把自己分食了。这部小说发表之后便震惊了德语文坛,并且迅速被译成了近四十种语言,在全世界发行。而且,这部小说后来还被好莱坞拍成了电影,也风靡一时。从叙事手法来看,小说是传统的现实主义,而且,小说极具情节的传奇性,但是,这些都丝毫无损于小说表达主旨的深刻、高远。小说中的美丽的少女、主人公,显然都是带有隐喻指向的能指,通过这个故事,我们可以看到作家对理性被推向极致之后的反思。换言之,这部小说,在传统、传奇的故事下面,也是存在一个深层结构的。

著名符号学家埃科创作的《玫瑰的名字》也是一部非常有趣的小说。小说中的威廉带着他的徒弟阿德索奉命来到意大利北部的一所修道院来调查这里僧侣的秽行异端,结果,他们就卷入一系列莫名其妙的凶杀案中。在他们到达这所修道院的时候,就被院长告知,几天前这里一位年轻英俊的修士奇怪地死在了主楼的万丈悬崖之下。当威廉开始调查这个年轻修士之死后,接着,其他的死亡又接踵而至,几天时间之内,先后又有其他几名修士纷纷以奇怪的方式死亡。最终威廉通过破解暗语,进入了修道院图书馆的密室,找到了杀人凶手,修道院的前图书馆馆长、瞎子约尔格。当然,这一系列修士死亡的原因也随之揭开,都是因为图书馆藏有的一部书。小说虚构了一部著作,即亚里士多德的《诗学·卷二》,修道院藏有的这部著作是这个世界上留下来的唯一一部。这部著作就喜剧和笑的功能进行了深入的讨论。约尔格认为,这个讨论是大逆不道的。他认为笑是散播怀疑的种子,会导致不敬和无信仰。而且,笑也是我们的肉体软弱、堕落和愚蠢的表现。所以,笑这个东西,是违反神圣的,它的存在不利于我们对上帝的敬仰,它能"集结起躯体中像放屁和打嗝那样肮脏的能量,去获取那种纯属精神的权利,并动辄用之"。为了控制笑,为了不让更多的人了解亚里士多德关于笑的研究,约尔格在《诗学·卷二》的书页上涂抹了剧毒药物。当翻阅者因为无法打开书页而用唾液润湿指头的时候,就不知不觉中毒了。这样,约尔格杀死了一个又一个修士。小说的最后是疯狂的,约尔格为了不让威廉修士把这部书夺走,为了消灭这世界上最后一部讨论笑的专著,为了不让他认为的异端邪说散布出去,他把书撕成了碎片,塞进口中。最后,在和威廉的争斗中,约尔格把蜡烛扔进了书堆。大火烧了三天三夜,约尔格与这基督教世界最大的图书馆一起葬身火海。小说采用了侦探小说的写法,在具体的叙述中,小说又穿插了关于宗教、建筑、园艺等种种丰富的知识,使得小说又带有了典型的百科全书的特点。当然,借助这个吸引人的故事,埃科在对中世纪宗教、神学进行分析的同时,更为重要的是,他借助威廉对约尔格这个人进行了反思。约尔格为了保证所谓的异端知识不流传出去,不惜多次杀人。我们毫不怀疑约尔格对上帝的真诚,他显然是随时准备着为上帝献身,为他认为的真理献身的。但是,约尔格对上帝的这种极端的真诚,这种残酷杀人的行径,显然又是和真正的基督教精神、真正的基督徒行为相悖的。也就是说,约尔格怀着对上帝的真诚的极端的信仰,走到了上帝的反面。这个对约尔格行为的审视和反思,显然就具有对时代、对历史,以及对我们生活中很多事件反省、思考的意味了。比如说,在我们今天这个时代,上帝已经死了,不再能够控制我们的精神,但是否又有新的上帝在不知不觉中重新被我们放置到神坛上了呢?例如科学、理性。今天,在科学、理性的名义之下,我们所做的事情真的是科学的吗?真的是符合理性的吗?当我们以科学、理性的名义大肆开发大自然、污染大自然的时候,当我们人类不断破坏着自己生存星球的生态环境的时候,我们的行为真的是科学、理性的吗?

小说中,通过对约尔格疯狂行为的反思,调查者意识到,也许那些热爱人类的人的使命是要使人们嘲弄真理,使真理变得滑稽可笑,因为唯一的真理在于学会使自己从对真理的疯狂热情中解放出来。这个调查者的反思,显然是值得我们今天这个时代的人深思的。《香水》《玫瑰的名字》这些小说都有着传奇的故事,正是这传奇的故事,富有魅力的叙述,使得小说充满趣味,从而读者众多——这两部小说销量都过了千万册。但是,这传奇的故事并没有影响到小说主旨的高远、深刻。

《香水》《玫瑰的名字》很大程度上都是因为强烈的故事性、深刻的表达主旨而让小说充满了趣味的,但是,我的意思并不是说,只有强调故事的传奇性,小说才有趣味,而毋宁是在强调故事的趣味,是小说的基本趣味,重视小说的情节性、传奇性,在增加了小说趣味性的同时,丝毫无损于小说严肃主旨的表达,不能将二者对立起来。正如我所说的,多元性也正是小说趣味的重要特点。比如卡佛的小说,从来就没有传奇的情节,但是这丝毫不影响卡佛小说的魅力。卡佛小说中那简单到极致的叙述与对话,对省略和空缺的微妙意义的巧妙的运用,都让读者在阅读卡佛的同时,能感受到他小说独特的趣味。波兰作家舒尔茨的小说也是没有传奇的情节的,不过,他独特的语言感觉让他的小说看上去如错彩镂金一般,充满了语言的诗性,这种诗性的华丽的句子,也让他的小说充满了独特的趣味。刘震云的小说《一句顶一万句》也谈不上多么具有故事性,甚至,我们可以说,这部小说并没有着力去创造传奇的故事,但是小说那充满智性的叙述方式,也让这部小说充满了小说特有的趣味。小说的趣味应该是多元的,但是,对于作家来说,或许增加故事性是增强小说趣味的最简单的方法。

毕竟,不是每一个人都有舒尔茨、卡佛那种独特的语言感觉的。在没有能力创造出自己小说的独特的趣味的时候,再主动去消解小说的故事性,在我看来,这种写作完全违反了小说的基本特性。

"诗有别才,非关理也",唐诗和宋诗区别很大,文学史一般强调唐诗的价值高于宋诗。其实,从说理,表达宏大主旨这个角度来说,唐诗可能还不如宋诗,但是诗歌毕竟是文学,从文学的角度来讲,文学有其自身的趣味,有其自身的评价标准,而不仅仅是和主旨是否宏大有关。从文学史对唐诗的强调来看,文学自身的价值是和作品所表述的主旨的重大与否没有必然联系的。性灵表达,有趣,这些文学性的东西才是文学的根本。

二

今天并非所有的小说都没有趣味,而是有趣和无趣的小说构成了一个有趣的对立:一方面,严肃文学总是致力于严肃主旨的表达,致力于对叙述文体的突破,于是很多作品虽然实际上并没有表达出独特的主旨,没有很大的叙述文体的突破,但是却彻底丧失了小说的趣味,显得面目可憎,于是这也导致整个严肃文学的读者日渐稀少;另一方面,通俗文学,今天非常典型的网络文学,却总是致力于营构传奇的故事,盗墓、重生,种种似乎匪夷所思的事情,不可能实现的生活都在网络文学中一本正经地演绎起来,这些小说倒是好看,充满趣味,可惜的是读完之后却很难让读者有所收获。这就是我观察到的文学现象。于是,严肃文学越来越僵化,失去小说的趣味,而通俗小说则看上去很好玩,但是也止步于好玩,仅仅是好玩而已。之所以出现这种状况,在我看来,和我们习惯把小说雅俗二分、雅俗二元对立的处理方法有关。

文学划分的雅俗对立似乎是古今中外共通的习惯。不过,雅文学和俗文学的区分,不仅仅是名字的简单区别,也不仅仅是简单地根据文学内容所做的一个没有任何含义的区分。事实上,雅俗的分野,是和文化等级、文化权力密不可分的。自古以来,对待文学,正统的态度都是贵雅贬俗。雅,代表着趣味的高尚和写作态度的严肃,当然,由此也获得了优先进入文学史的权利。俗,则往往代表着文学的旁支,趣味的不那么高尚,文字的通俗和创作态度的随意,当然,也因此往往意味着被文学史冷落,甚至遗忘。所以,相比较雅文学,俗文学是第二等级的文学,是被贬斥的边缘化的文学。这就导致很多通俗文学大家,哪怕成就再显著,在文学史上,却总是不能得到公正的对待。比如法国作家大仲马,他的《基督山伯爵》《三个火枪手》等小说,直到今天还广为流传,他的作品的读者可能远远超过了雨果、巴尔扎克、司汤达等作家的读者，可是，在法国文学史上，在世界文学史上，大仲马的地位显然是远远不如上述三位的。对于小说来说，更为致命的是，这种关于雅俗先入为主的判断和定性，毋庸置疑地会影响到我们对于具体小说价值的评判。对于一部小说的价值，正常情况下，我们应该从其本身所蕴含的文学性角度进行评判分析，这个文学性包含了小说的题旨、小说的形式，以及小说的综合艺术表现手法。对于小说的价值，绝不可以把小说的题旨单列出来，通过说这部小说的题旨如何宏大丰富，从而说小说多么富有价值。这是把小说人为割裂了，把小说仅仅当作了宏大题旨的载体。当然，也绝不可以把小说的形式单列出来，通过说这个小说的形式如何的特殊，如何具有先锋的苦心孤诣的探索价值，从而说明这部小说多么有价值——这是把小说仅仅当作了一种艺术技巧的杂耍。现在的问题是，随着雅俗文学二元对立观念的确立，以及掌握话语权的文化精英骨子里对通俗文学的鄙视，那些强调对于小说形式、小说新表现方法的探讨的小说往往会被视作难能可贵的，会立即受到文化精英的认同。很多人把所谓的形式创新，把小说的题旨宏大这些东西给本质化了，似乎这就是小说的唯一。于是，有趣——这个小说最重要的特征，反而被忽略了。事实上，这也会影响我们对这些小说作出进一步判断，比如说《尤利西斯》作为一部小说，除了提供了一种新的写作方式之外，它还具有小说的哪些特质？比如说，《万有引力之虹》作为一部小说，有多少人读完过，它真的如吹捧它的那些报刊撰稿人或者评论者说得那么好吗？《尤利西斯》《万有引力之虹》还分别被称为二十世纪上、下半叶最伟大的作品。中国早有"文无第一"之说，即强调了文字优劣评判之难。那么，我想问的是，谁给《尤利西斯》《万有引力之虹》下了这样一个最伟大的判断？判断的依据是什么？或许这些小说在探讨小说的可能性上有很大的价值，但是倘若把这类小说定性为第一，那毫无疑问，我们正在把小说推向绝路。与此同时，那些不是很强调小说形式探索，并且在形式上很有传统通俗文学之类型特点的小说，往往也会被不假思索而又不无鄙视地轻轻否定——通俗文学！这样，那些颇有艺术价值，但形似通俗文学的文学作品必然会得到不公正的评价。这种评价体系必然会影响到作家的创作，进而会影响到小说的未来。

具体到当下的作家来说，在这种评价体系之下，如果想要创作成功，就必须在创作之前给自己的创作做一个清晰的定位——是写严肃文学还是通俗文学，否则很有可能作品几方面都无法获得认可。相对来说，通俗文学写作的选择会对作家的写作给出一个明晰的指导，便是强调故事性。而对于有志于严肃文学的作家来说，严肃文学与通俗小说界限的模糊性与选择的必须性也使得很多作家做出了模糊的选择,他们无法明晰界定严肃文学与通俗文学的分野,甚至把故事性、有趣作为通俗文学的要素,自己在写作中尽力规避这种趣味,而把《尤利西斯》《微暗的火》《万有引力之虹》之类的形式探索甚至枯燥乏味当作严肃文学必须具有的东西,这就导致当下很多严肃文学期刊刊登的很多严肃文学作品,既缺乏对生活独到的认知和洞见,又缺乏小说应该具有的趣味,成了面目可憎、语言乏味的徒具形式的严肃文学作品。在当下中国的严肃文学期刊中,《小说月报》是强调小说的趣味性的,其销售量也颇高,期销售量为几十万份。在当下这样一个严肃文学日渐萎缩的时代,在大多数严肃文学期刊期销售量不过三五万甚至几千份的时候,《小说月报》的发行量更具有特殊的意义。这个发行量说明即便是严肃文学阅读,在当下也并没有过时,关键是,作家们能否写出好看而又有意味的严肃文学。这种雅俗文学的对立,在我看来,肯定会对作家的写作产生影响。一方面,当作家写作的初衷便是明确的商业通俗文学的时候,他便已经主动放弃了进入文学史的可能性,这样他往往就会忽略文学品格的提高,而只关注如何能够迎合读者,这就导致了有趣味的小说缺少品格。另一方面,作为严肃文学的写作者,当作家明确把仅仅关注小说自身的形式探索作为自己小说写作的初衷的时候,作家创作的目的很大程度上就指向了获得文学史的认可,从而在很大程度上不考虑读者的阅读感受,这往往会导致小说完全失去传统小说的趣味,这就导致了有品格的作品缺少趣味。这对于小说这种文体来讲,恐怕并非好事。莱斯利·菲德勒曾经评价纳博科夫的《微暗的火》和约翰·巴斯的《羊童子贾尔斯》——这两部著作都是以形式探索而知名的,《微暗的火》甚至还模仿着学术著作的书写方式,"那真是一对奇书,前者美国味寥寥,后者是绝对的美国地方风味。可是它们在使用'现代主义'艺术小说的典型手法上却是如出一辙,诸如反讽、戏拟、裸露暗示、连篇累牍的卖弄学问、执迷不悟的实验主义等等,这一切都并非旨在发扬光大形式,反之是欲置之死地而后快。这类小说,正好比那些造来炸飞自己的自我毁灭雕塑的文学版本,诸如诡雷,它们不是用来炸毁工厂、兵营和宫殿,而是要将它们所包含的'艺术'这个观念,炸个烟消云散"[1]。当然,必须强调的是,我并不反对《微暗的火》《万有引力之虹》这样的小说。我认为,作为一种艺术的尝试,在一定程度上,这些小说是有趣的。在一定限度、范围内,也是有价值的。但是,倘若把这种小众的未必有趣的东西推广为小说的标准,甚至如某些书评、报刊称之为小说史上不世出的杰作,代表未来小说的发展方向,那简直就是拿小说

---

[1] 莱斯利·菲德勒:《文学是什么?高雅文化与大众社会》,陆扬译,译林出版社,2011,第71—72页。

的生命开玩笑。

虽然雅与俗的划分对文学作品命运的影响巨大——被打上俗文学标签的作品一般不可能进入文学史,从而会被自然遗忘,但是不能不说,这个划分的标准却是模糊暧昧的,不断变更的,并不具有自明性。在中国古代社会,作为支流的通俗文学与正统文学的界限更多表现为文类的区别:诗、文是文学的正统,是一时代之主流文学,而词、曲、小说则往往意味着通俗,是时代之处于被支配地位的边缘文学。当然,其中也有例外,比如诗、文中也有通俗作品,而词、曲、小说也有被当时统治阶级高度宣扬的。比如朱元璋就充分利用了《琵琶记》这类宣扬正统意识形态的戏曲作品,但这并不能改变戏曲整体上被视作低等文类的社会普遍认知。诗、文在中国古代如此高贵,以至于中国古典小说明明距离诗、文遥远,但却在小说叙事中却不断加入"有诗为证"——似乎只有和诗结合起来,小说所叙说的东西才可以获得认可。之所以有这样的雅俗区分方式,大概和中国古代诗文通过科举考试直接与现实上的政治权力结合到了一起有关。所以,直到清末,林纾虽然以翻译小说名世,但他一直最引以为傲的却是自己能写一手漂亮的古文。近现代以来,随着科举取士制度的消失,诗、文作为文类的正统地位消失。同时,受西方文化影响,小说这种原本属于下里巴人的低等文类开始呈现出越来越大的影响力。虽然鲁迅写小说的时候,并没有"将小说抬进文苑"的意思,但是,新文化运动以来,小说却是确确实实地被抬进文苑了,并且影响越来越大,颇有文学中第一文类之势,鲁迅等现代白话文学的开创者,也被作为严肃的雅文学的创作者为文学史所铭记。这种评价标准的改变,也使得中国古代文学中原本属于低等级的通俗文学类的文学作品突然焕发生机,在文学史上享有了崇高的地位。比如关汉卿的剧作开始被高度重视,比如《红楼梦》《西游记》《三国演义》《水浒传》等原本被正统文化视作"诲淫诲盗"的不入流的小说一跃而成了中国古代文学的四大名著。尤有意味的是,在中国,随着小说这种文类被抬进文苑,成为可以得到正统文化认可的文类,紧接着小说内部也开始有了雅俗之分。

中国现代白话小说初创时期的雅俗之分也没有明确的概念界定,不过,从新文化运动先驱者对鸳鸯蝴蝶派的攻击来看,大体可以从两个方面来界定雅文学和俗文学的区别,即从表达内容来看,雅文学强调宏大叙事,以及民族国家责任的承担,而俗文学则更加强调表达言情、猎奇之类的传统内容;从表达手段来说,雅文学更多吸收了西方现代小说的写法,而俗文学则更多传承了中国传统小说的写法。吊诡的是,虽然我们今天说"五四"新文学是中国白话雅文学的滥觞,不过,在当时,五四新文学却是力图要写出通俗的文学的。但是,实际上,因为"五四"新文学一开始就在反对古典文学"文以载道"的同时,已经不自觉地把民族国家的另一个"道"承载于白话新文学之上,所以,他们的通俗指向最终没有达成。他们反抗的是中国古典的"雅"文学,创立的是新白话"雅"文学。所以,虽然他们自称要写出通俗的文学,但是在面对真正的通俗文学鸳鸯蝴蝶派的时候,却必欲除之而后快。在文学精神上,二者是不兼容的。"五四"新文学小说有雅俗之分,在当时的那个特殊历史时期来说,还是有其积极意义的。对于新文学的强调,对通俗文学的攻击,在某种程度上,对于最大限度消除"把屠夫的凶残化作一笑"的规避国耻的通俗小说的影响,起到了一定作用。但是就文学总体来看,特别是在今天这样一个媒介发达且文化普及的时代,小说的雅俗之分的负面作用显然更大。其实,从上面分析可以看出,倘若放在历史的长河中来观看的话,所谓严肃文学与通俗文学的区分,其实就是一部糊涂账,曾经是通俗文学的小说随着历史的演进后来反而成了严肃文学的代表,曾经致力于通俗写作的人,后来居然又成了雅文学的代表者。但是,这不具有自明性的文类区分,这总体看上去像一部糊涂账的区分,却在确确实实地影响着当代文学的创作。

一般来说,当我们习惯性地否定通俗文学的时候,往往会指出通俗文学在表达内容上缺少深意,过于媚俗,在创作手法上过于随意,缺少苦心孤诣的叙事技巧。但是在具体判断什么样的小说属于通俗小说的时候,我们往往又从小说叙事是否类型化,小说是否过分强调故事的情节性等角度来判断一部小说是否属于通俗文学。如果一个小说不幸符合了上述基本特征,这往往就意味着该小说会被划入通俗文学的阵营,当然,也往往就意味着该小说不会得到精英文学评论界的更多好评。但是,这种雅俗二元对立的划分显然过于粗暴和随意,而且会影响我们对小说做出正确合理的评判。在当代文学史上一个非常典型的例子是批评界对几部历史小说迥然不同的评价:姚雪垠的《李自成》获得了中国当代文坛长篇小说的最高奖——茅盾文学奖,凌力的《少年天子》也获得了茅盾文学奖,而二月河的《雍正皇帝》却根本与这样的精英评论界的大奖无缘。当然,在市场上,这几部小说的表现正好同它们在评论界那里获得的认同度相反:直到今天,二月河的"落霞三部曲"依然销售强劲,为海内外华人读者所追捧,而《李自成》和《少年天子》则显然已经很难在市场上获得更多读者的认可了。当然,这个差别似乎也正好印证了文学界对严肃文学与通俗文学的认知:严肃文学曲高和寡,通俗文学则媚俗大众。但是,且慢如此匆忙下结论,"落霞三部曲"虽然故事性强,但恐怕未必真的属于典型的媚俗而缺乏高深意旨的作品。

以我的阅读感觉,毫无疑问,《李自成》《少年天子》当然都是优秀的历史小说，但是"落霞三部曲"也是毫无疑问的优秀的历史小说，对它们的评价不应产生这么大的差距。当然，"落霞三部曲"被主流评论界无视的原因也很简单，从小说形式来说，这是中国古代的章回体小说，从表现内容来说，似乎无外乎宫廷争斗，也可划入中国古代通俗类型小说之宫闱斗争类型中去，并且，小说似乎非常强调叙事的故事性，这些都是典型的通俗文学表征。问题是有着通俗文学外壳的小说，其表达的内容，未必比很多严肃文学作品更浅薄。就二月河的"落霞三部曲"来说，虽然小说带有一定的类型化特征，在某种程度上，就形式而言，有对传统的宫廷小说的某种延续，但是，问题是，这种小说外形的类型化其实并没有影响作品表达主旨的丰富性，小说强调故事性，也并没有影响表达的深刻性，他对人性黑暗的揭示，对封建皇权政治的残酷的抨击，对封建极权文化的批判，以及对形而上的人身自由的反思，使得其小说在有着好看的故事情节的同时，也有着复杂深刻的寓意。从严肃文学的意义表达这个角度来讲，二月河的小说在人性的反思、封建王权的批判等方面，都是极其深刻、犀利的。小说对人性有系统、深刻的反思。比如对《雍正王朝》中李绂的刻画，就很有深度，呈现了人性的复杂。小说中的李绂，一向是以清流的面貌出现的，而且，此人还学富五车，颇有大臣之相。二月河没有否定李绂的这一面，只不过，在表现李绂清流面貌的同时,二月河以另外一个看似闲笔的情节,又呈现出李绂的另外一面。在考中进士之前,还是白衣秀才的李绂无意中偶遇当朝宰辅张廷玉。当时,张廷玉正在为他的儿子办丧事。李绂由旁人处得知张廷玉儿子的名字、年龄之后,便灵机一动,突然扑倒在张廷玉儿子的灵柩前,痛哭失声,还即兴编造出自己和张廷玉儿子的交往过程,言说二人关系如何好。李绂的这一哭,就给张廷玉留下了深刻的印象,果然后来高中进士。这个细节和李绂的清流面貌结合起来之后,再来观看李绂,这个人物形象便立刻复杂起来,或许读者由此可以得出比较简单的结论,此人是个伪君子,或许读者也可以由此得出相对复杂的结论,李绂这个人是多面的,人都有多面性,人性是复杂的。当然,我们或许也可以由此反思,是不是这种封建王朝的独特的考察、用人制度逼着想要有所作为的人在人性中呈现出不堪的一面。无论如何,人性的复杂,在二月河笔下呈现出来。如果说对李绂的刻画呈现出人性的复杂的话,那么《乾隆皇帝》中鲁家小店一幕的书写,则是形象呈现了人性之恶。《云暗凤阙》这一卷写到太子颙琰一行三人被困鲁家小店,在这危急的关头,众多围观的普通民众没有人出于正义来救他们。而在一个不法师爷的一声"拿住一个赏三千两"呐喊中,数百名围观者在金钱的诱惑之下,瞬间放弃了良知、正义,一拥而上,要捉拿太子。人性之恶,人性的残酷,在传奇故事的细节中,被放大到了令人震撼的地步。

"落霞三部曲"主要是围绕宫廷斗争展开,小说在宫廷斗争中也着墨甚多,这样这部小说最为深刻的地方便是对皇权政治、封建文化的深刻、彻底的批判。不同于一般的单纯强调情节的传奇性的小说津津乐道于宫廷斗争的瞬息万变,"落霞三部曲"则更加强调了对这瞬息万变的宫廷斗争背后的黑暗文化的批判。小说指出了残酷的宫廷斗争存在的必然性——这是封建皇权制度导致的。皇帝所拥有的巨大权力使得每一个有资格觊觎此位的人都会对这个位子垂涎三尺。"皇帝"这个位子上所具有的无上的权力的诱惑能让人放弃骨肉亲情。在《雍正王朝》之《九王夺嫡》卷中,二月河淋漓尽致地刻画了众王子为了获得皇权而不惜骨肉相残的残酷状况:在二王子已经被立为太子的情况下,八王子、九王子等一干人,笼络朝中大臣,一时间建立起了庞大的权力体系,不断攻击太子;太子虽然被确定为皇权的继承人,可是,又时刻担心皇帝废掉自己,于是,在大臣索额图的鼓动之下,居然想不发粮草,置率军御驾亲征的康熙皇帝于绝境……而这种父子兄弟相残的故事还是一代一代传下去的。雍正皇帝的兄弟们为了帝王之位不惜互相残杀,而雍正的儿子们,为了能获得继承大统的机会,也是不择手段地要消灭自己的兄弟,以至于雍正皇帝为了弘历即后来的乾隆皇帝帝位的稳固,亲手杀死了和弘历争夺皇位的弘时。通过这样的书写,二月河呈现出封建皇权政治的虚伪、残酷、血腥。《雍正王朝》中邬思道这个人物的塑造显然也颇能表明二月河创作主旨的深远。从小说叙事看,胤禛能最后继位,邬思道出力最大。书生邬思道之所以能让四爷胤禛成为雍正皇帝,就在于他极好地把握了帝王心术。小说通过邬思道对康熙皇帝行为的分析,对胤禛行动的指导,也极为深刻地呈现了让人见之心惊的官场权谋文化。

总之,从小说叙事来看,在"落霞三部曲"中,二月河的笔触涉及了封建黑暗文化的方方面面,刻骨地呈现了封建制度的黑暗,批判了皇权斗争的血腥、无情,也呈现出了人被黑暗制度同化的过程。

"落霞三部曲"的成功还与其绝妙的艺术表现手法密不可分。这一系列小说最为突出的特点便是叙事语言。事实上,对于历史小说书写来说,叙事语言的把握是最难处理的。因为小说指向的是历史,小说中的历史人物也是要说话的,这样就会出现问题:如果历史人物的语言过于现代,则很难把读者带进特定的历史氛围,特别是,如果历史人物满口现代名词的话,可能更容易让小说读者产生时空错乱之感;如果小说完全采用古人说话的方式,尽量采用古语词,则又显得与现代读者格格不入。在我看来,很多历史小说都在小说叙事语言上留下了不小的缺憾。在这方面,"落霞三部曲"对小说语言的运用堪称典范,在小说中,二月河借鉴了中国古代白话小说的语言,小说语言既有古典的韵味,同时又能做到晓畅明白、通俗易懂。《雍正皇帝》的《雕弓天狼》卷第十三回,副主考杨名时对科考场所内杂役们装神弄鬼的举动极为不满,当场命令杂役把考场所供奉的恩怨二鬼给粉碎了,杂役们说恐怕会招来报应,小说说道:"杨名时突然仰天大笑:'焉有此情,岂有此理?敲碎它,当堂一火焚之!我看我是个怎样报应?要为此而传瘟疫,我一身当之!'"我们可以看到,杨名时的语言明显带有古文的典雅,不同于日常白话,但是确实又晓畅明白。这就是"落霞三部曲"特有的语言风格。当然,"落霞三部曲"在艺术上的成功之处还不仅仅如上所述,比如还有颇具史诗色彩的对清王朝的全景式的描绘,对当时特定历史文化风貌的展示,对小说中人物的叙述也打破了单面化的表达,从而更加呈现了人物的多面性与丰富性,等等,都显示了这几部小说的艺术上的追求。而且,值得注意的是,二月河小说对其表达题旨的展现是和其艺术手法浑然天成地扭结在一起的,在我看来,"落霞三部曲"不仅在小说表达主旨上深刻,而且在整体小说的文学性上,恐怕也是远远超过了许多严肃文学作品的。但是,这部小说却没有获得正统文坛应有的承认。这个事实本身就说明了雅俗二元对立的文学评判方式显然是过于随意、粗暴。

从上述例子可以看出，这种僵化地把文学雅俗二元对立化的文学评判方式是非常不合理的，一方面，这种评判标准本身就极其可疑，从历史的角度看，这种可疑性更加明显。另一方面，这种先入为主的评判方式的确影响了我们对文学正常的、审慎的评价。当然，更为严重的后果是，直接对小说创作产生了影响，作家们自觉对应雅俗小说去创作，因为这种雅俗对立更倾向于把俗趣归于俗文学，从而导致小说的趣味在雅文学、严肃文学中的缺席。是的，在我看来，文学的雅俗二元对立就是今天严肃文学日渐失去其小说趣味的重要原因所在。

三

趣味是小说的特质，也是小说的安身立命之本。很难想象，如果没有故事的传奇性等小说的趣味存在的话，小说能否在不被官方认可，甚至还有查禁的情况下，穿越数千年时光而存活下来。今天，小说已经毋庸置疑地被抬进了文苑，而且俨然已经成为文学中最为重要的文体，现在也有越来越多的作家开始苦心孤诣地进行小说的探索，或者寻找更多、更丰富的小说表达方法，或者力图用小说表现出更为丰富、微妙的内容。对于小说来说，这当然是一种好事情，这在某种程度上似乎预示了小说更为丰富的可能性,以及更为远大的未来。但是,无论如何强调小说形式的探索,或者强调小说丰富意义的表达,显然都不应该忽略小说最根本的特质,那就是,有趣。或许在小说从业者看来,在作家看来,写作、叙事,是他的安身立命之本,他的所有存在的价值就在于能否在小说写作上做出有效的突破。作家本人,以及作家创作的小说文本本身能否进入文学史,能被历史铭记,也和小说文本是否有效突破了既往的小说表达方式有关。所以,小说是严肃的,是重要的,或者说,小说不再是儒家所谓的小道了,而有着深远的意义,是一项关系重大的事业。这样强调小说的意义当然没有什么不对,但是,我们必须时刻保持警醒,无论对于文学者来说,小说的意义多么重大,但是,归根结底,小说还是"不被授权的话语"。小说对社会的影响力,小说之于社会的作用,恐怕远不如文学者想象的那么大。作为众所周知的"未被授权的话语",小说这种文体本身其实已经和读者订立了一个契约,里面所讲的所有的这些都是当不得真的,我姑妄言之,你姑妄看之,仅此而已。所以,小说读者从小说阅读的过程中是获得不到任何实利的好处,或者获得任何明确的有利于自己在社会安身立命的技能的。读完《西游记》,读者也获得不了孙行者七十二般变化的技能;读完《红楼梦》,读者也不可能从中学会谈恋爱的技巧;读完《水浒传》,读者也不可能上山为王落草为寇。小说就是小说,对于普通读者来说可能仅仅就是消遣,对于思绪稍多的读者来说,可能还意味着对生活、社会更多的反思,消遣也罢,反思也罢,都和社会规则无关。甚至,读者读完小说都不如读完新闻一样,又可以在日常闲谈中多些谈资。所以,小说的这种身份、这种地位,决定了我们时刻不能忘记:趣味才是小说最为重要的东西。没有趣味,失去了读者,小说所有的宏大意义、微妙表达,以及苦心孤诣的形式探索都会失去意义。如果失去了趣味,作为不被授权的话语,那么,小说注定的命运是只能成为文化的活化石,被保护起来,供人研究,而失去鲜活的生命力。这样持续下去的话,也许将来某一天,小说就像我们今天被保护起来的很多濒临灭绝的艺术种类一样,只能被当作人类的非物质文化遗产来阅读了。

如前所述,小说在今天之所以日渐失去其趣味,呈现出趣味和品格的两极分离这种状况,和我们当下习惯的文学雅俗二分有关。把小说按照雅俗的不同进行区分,并给予不同的文化地位,在我看来,是一种典型的二元对立思维模式。在人类历史上,向来不乏这种二元对立思维模式的,如西方宗教中魔鬼与上帝的对立,中国传统中儒家道统与异端邪说的对立,等等。当然,我们从中也可以看到,这种二元对立方式或许能够帮助我们以简化、简略的方式来把握世界,把握自己认知的对象,但是付出的代价也很明显,那就是会失去对认知对象更为详尽、合理的考察,甚至最终导致谬种流传。如前所述,小说在中国传统文学观念中,是俗文学,是不登大雅之堂的,但是今天小说却成了文学中的主流力量。从小说之雅俗在时间长河中的颠倒,也可看出这种雅俗二元对立方式认知小说的虚妄。所以,历史可鉴,今天我们在小说内部重新划分二元对立,恐怕也是有问题的。而且,从本质讲,小说本来就是来自底层世俗社会,就是世俗的产物,就是充满了俗趣的。从一开始,小说便是引车卖浆者流茶余饭后感慨人生的余绪,"小说家者流,盖出于稗官。街谈巷语,道听途说者之所造也。……闾里小知者之所及,亦使缀而不忘"①。所以,今天贵雅贬俗,其实根本就是违背小说的原初精神的。当下电子媒介极其发达,随之也衍生出越来越多的讲述故事的媒介、方式,传统小说的市场越来越受到新媒介的冲击。或者我们可以严肃地说,在这样一个传媒发达时代,传统的小说叙事正面临着前所未有的困境。或者说,小说正处于困境之中。在这样的状况下,再僵化、刻板地强调小说的雅俗二元对立,忽视小说的趣味,可能会让个别作家的作品进入文学史,但是,这导致的更为严重的后果可能是,我们只能在文学史中来了解小说了。

---

① 班固:《汉书·艺文志》,中华书局,1962,第 1745 页。

正如莱斯利·菲德勒所说,这种雅化的极致,不是在弘扬小说这种艺术形式,而是在灭绝小说。只有打破小说的雅俗二元对立,我们才能从"一叶障目,不见泰山"的偏狭文学立场中走出来,才能让小说永远拥有小说特有的趣味,才能让小说艺术重新焕发生机。

当然,对于今天的作家来说,让小说充满独特的趣味,的确也日渐变得困难。现在不同于19世纪,相比那个时代的小说,今天的小说会更多受到电子媒介、影像叙事的直接冲击。所以,如前文所说,那样一个印刷文化时代,的确是小说的黄金时代,甚至会有读者仅仅为小说的趣味所吸引而不惜提前两个钟头跑到连载小说的报馆前排队买报纸,仅仅为了先睹为快。这在今天毫无疑问是不可能发生的事情。事实上,不强调小说情节,轻视小说的故事性的现代主义小说的兴起,在很大程度上也和电影等现代影像媒介的出现有着密切的关联。因为,在很大程度上,影像媒介借助真实的场景,专业演员的演绎,以及相关特效手法的使用,似乎能够比单纯用文字进行叙述的小说更生动、形象地演绎出动人的故事。所以,客观而言,对于今天的写作者来说,写作的确变得更加艰难,写出有趣味的作品,尤其艰难。这不是产生《红与黑》《人间喜剧》的年代,在那样一个年代中,因为社会中负责讲述故事的媒介太少、太单一,于是,对于缺乏故事的读者来说,《红与黑》

《人间喜剧》这些小说讲述的故事本身就是非常有趣的,能够满足大众的故事需求。所以,应该说,此时的小说,也相对容易能够为大众所喜欢。可是在今天这样一个电子媒介极其发达,我们的生活都被故事包围的时代,单纯讲述一个相对普通的故事似乎已经不那么有趣了。对于今天的作家来说,要想让自己的作品有趣,必须要找到自己小说的独特的趣味。这当然是不容易的,不过,也并不是不可能的,因为,客观而言,在很多时候,小说单纯的文字叙述的确不如影像媒介中演员的专业演绎更能打动人心,不过,文字也有自己独特的优势,那是影像媒介所无法媲美的。比如说,在表达人非常微妙的心理活动的时候,显然文字是更有优势的。

卡夫卡的《诉讼》显然谈不上是故事性很强的小说,事实上,小说充满了梦魇般的感觉,甚至让人觉得沉重。但是,在这部小说中,不时闪现的作家灵感的火花,以及那灵动的文字,还能不时让我们感受到小说语言独特的魅力。小说中的K在某一天早晨起来,就发现了一个奇怪的情况,他自己莫名其妙地在自己家中被捕了。在和宣告他被捕的人周旋一阵之后,在这些人即将离开的时候,K突然爆发了:

"到银行里去?"K问道,"我以为我已经被捕了,不是吗?"K略带挑衅的口气问道,尽管他伸出手人家不握,他觉得自己渐渐摆脱了这帮人,尤其自从监察官起身要走后。他在和他们逗着玩。如果他们要出门,他真想跑步追上去,将他们一军,让他们把自己押走。所以他故意再问一句:"既然我已被捕,怎么还能到银行里去呢?"①

从这段描述来看,K似乎是很强势的。但是,就在这段对话发生的前一刻,他还眼睁睁地看着这几个号称要逮捕自己的人吃掉了自己的早餐而不敢说话,他还被监察官训斥之后而不敢反抗,他还试图同这些号称要逮捕自己的人和解。他之所以突然变得咄咄逼人,仅仅是因为,他发现,对方要走了。于是,之前所有的担心、恐惧一下子似乎全都消失了,他立刻感觉到一切似乎都在自己的掌控之中,"他在和他们逗着玩"。当然,这种自我心理上的安全感似乎又是非常脆弱的——他其实知道自己的安全没有那么可靠,所以才有这一句——"如果他们要出门,他真想跑步追上去,将他们一军,让他们把自己押走"。注意,并不是真的追上去挑衅,而仅仅是"他真想"追上去,这其实更像是在自我心理受到严重挫伤之后,尊严受到打击之后,当事人给自我心理找到的一点安慰,以便自己可以自我欺骗,告诉自己,自己是这场争端中的最终胜利者。卡夫卡短短的这几句话,其实蕴含了当事人极其复杂的心理活动,呈现了我们普通个体在日常生活中尴尬状态下微妙举动

---

① 弗朗茨·卡夫卡:《诉讼》,赵大昌、赵鹏译,湖北长江出版集团,2006,第11页。

背后的深意。这些，显然都是电影，或者电视无法表现出来的。这就是小说语言独特的魅力，这就是小说不可取代的独特的趣味。

当然不仅仅是小说的语言的趣味，也是小说不能被其他传播媒介所能取代或者模仿的，事实上，小说的故事，小说的结构，都有其独特的趣味。当代中国网络小说极其丰富，而且受众众多，这其实从一个侧面也证明了，对于小说来说，讲述故事并不是一件过时的事情。专门讲述传奇情节的网络小说能够拥有众多的读者，也说明了小说的故事讲述其实也是影像媒介无法取代的。网络小说作家南派三叔的《盗墓笔记》最近被改编成电视剧，但是播映之后，观众评价极低，认为远不能和小说相比。这其实也说明了，小说的不易取代性。其实，无论是叙事语言，还是小说所讲述的故事内容，小说作为叙述的艺术，作为一种时间艺术，都有自己独特的、其他媒介没有的优势。这些，都可以成为小说的独特的趣味。当然，前提是，创作者一定要强调小说趣味的营构，并且努力去寻找自己独特的小说趣味营构方式。

当今天的严肃文学受到影视媒介越来越大的冲击的时候，我们必须正视严肃小说所面临的困境。在我看来，今天严肃小说所面临的困境固然有电子媒介时代影像制品的冲击，但是在很大程度上也和小说的日渐雅化，忽略小说的趣味有密切关联的,而当代小说的雅俗二元对立划分方法在很大程度上就是严肃小说日渐失去其俗趣的根本原因所在。重新审视小说的根本特质所在,强调小说的趣味,而不仅仅去片面强调小说的主旨,以及艺术形式的创新,或许已经是当下文学创作者必须严肃面对的问题了。

第六章 现代小说中的时间

进入 20 世纪,小说这种文体发生了重大变化,小说形式的变革成为众多作家探求的对象。其中,对独特的时间感知的表达,成为很多作家努力的方向,"当代多数大作家,普鲁斯特、乔依斯、多斯·帕索斯、福克纳、纪德和弗吉尼亚·沃尔夫,都曾经企图以自己的方式割裂时间。有的人把过去和未来去掉,于是时间只剩下对眼前瞬间的纯粹直觉;另一些人,如多斯·帕索斯,把时间变成一种死去的、封闭的记忆。普鲁斯特和福克纳干脆砍掉时间的脑袋,他们去掉了时间的未来,也就是行动和自由的那一向度"①。毫无疑问,对时间的重新认知和强调是现代小说一个重要表现,甚至有论者不无偏激

---

① 让-保罗·萨特:《关于〈喧哗与骚动〉·福克纳小说中的时间》,见让-保罗·萨特《萨特文学论文集》,施康强等译,安徽文艺出版社,1998,第27页。

地说道:"没有自己的新的时间感受和体验,想在20世纪成为卓越小说家是不可能的"①。在很多现代作家这里,小说中的时间不再严格遵守物理时空的顺序展现,不再被当作一种匀质的、有规律的速度流动的空洞的形式来表现,而是呈现出无序的碎片拼合、轮回甚至被空间化等特点。其中,有顺序的物理时间的消失更是成为现代小说叙事的一种常态。这种时间表达方式的变化,其实蕴含了小说精神的诸多变化。

一

时间是一个很复杂的问题,所以,耿占春说:"一旦我们触及到时间问题,就意味着进入了一座相连的迷宫:用杜夫海纳的话说,'时间性不是入迷的境界,而是诸多入迷境界的统一'……在以计时钟为刻度的'商人的时间'成为人类社会通行的标准时间之前,社会生活的时间是极为多元的,无数的时间轨道在人类社会内部相互交错,而每一个社会集团都沿着其中的一条轨道运行。这些彼此不同的社会时间具有彼此不同的文化个性,它们既是一些不同的社会群体有差异的经验

---

① 吴晓东:《从卡夫卡到昆德拉》,生活·读书·新知三联书店,2003,第163页。

范畴,也是他们叙述这种经验的叙事方式所构成的一种文化实体。"①当然,随着"商人的时间"成为社会通行的标准时间,其他的时间形式逐渐都从我们生活中退出,逐渐地,这种"商人的时间"似乎成了自明的唯一时间概念,传统小说书写也极难脱出这种社会时间的规范,小说叙事一般严格按照物理时空顺序进行,借助这种严格的时间顺序,小说家也完成了一个封闭的小说空间的塑造。现代小说在叙事上相对于传统小说的一个重要突破,就是时间在现代作家笔下开始从封闭完整而变得断裂凌乱。

福克纳的《喧哗与骚动》一上来就是一个白痴班吉的意识,他从当下自己的衣服被勾住想到了28年前自己衣服在栅栏缺口处被挂住的情景,又从这个情景联想到几十年前和他姐姐凯蒂在一起时的情形……小说就这样,在当下,过去,过去的过去之间不断跳跃。在这样的叙事中,你似乎只能看到,这个家庭以前曾经发生过一些事情,但是这些事情的发生似乎都很突兀,没有必然的时间因果关系。当然,我们可以在阅读完全书之后,自己可以去寻找故事的线索,为这部小说重建一个传统小说的时间因果顺序,但是你会发现,这个努力是徒劳的,因为似乎总有大量情节游离在主干的时间因果顺序之

---

① 耿占春:《叙事美学》,郑州大学出版社,2002,第201页。

外。这是因为,这部小说有着非常大的内容含量,而这些内容含量往往又是无法在物理时间上按照时序、因果关系叙述的。换言之,作家不是不愿意,而是已经不能把他笔下的小说内容再按照经典现实主义的笔法,或者传统的写实的笔法,来讲述一个完整的、封闭的故事了。他只能把他笔下的这些故事写成时间碎片的拼合。正如萨特所说的:"福克纳并非先构思好一个有条理的情节,然后再像洗牌一样把它打乱,他舍此没有别的叙述方法。"①当然,现代小说叙事并非都是像《喧哗与骚动》的班吉的意识这样,带有意识流的意味,从而把时间彻底打乱。但是,毋庸置疑的是,在现代小说叙事中,时间被以各种各样的方式分割、重新整合已经是一种常态。即便是很多在局部叙述中看上去完全遵循物理时间顺序的小说,如果把这些局部拼合到一起的话,你会发现,这局部中的时间拼合到一起之后并没有构成一个有序、完整的时间,反而使得小说整体中的时间变得错综复杂了。帕慕克的《我的名字叫红》由59节组成,每一节都有一个叙述人,都以这个叙述人自述的口吻介绍和自己相关的事情。在叙述者的设定上,帕慕克显现出了他文学的创造性,这些叙述者有私人,有狗,有树,有金

---

① 让-保罗·萨特:《关于〈喧哗与骚动〉·福克纳小说中的时间》,见让-保罗·萨特《萨特文学论文集》,施康强等译,安徽文艺出版社,1998,第21页。

币,还有小说中的几个重点人物。不过,在每一节中,每一个叙述者讲述的内容,从叙述方式来看,可是一点都不标新立异,就是严格按照时间顺序,老老实实地叙说自己的某种经历。可是,当我们要把这所有看上去极其平实的叙述拼接到一起时,我们会发现,麻烦出来了,事实上,我们根本就没有办法把这所有人、物的自述在一个完整、单一的时间框架内和谐地拼接到一起。也就是说,虽然小说的每一部分看上去都遵循了物理时间,可是,当所有的叙述者的叙述放在一起的时候,传统小说所具有的均衡、统一的时间消失了。在这里,时间随着叙事者的不同而不断发生变化,最终导致统一时间的消失。

显然,小说中这种统一时间的打破,客观上起到了一个非常重要的效果,那就是大大增加了小说叙述的容量。其实,或者我们可以这样说,小说中这种统一时间的打破,在很大程度上也正是因为,既有的严格遵循物理时间的叙事无法把这部小说中所要表达的东西有条理地全部容纳进去。也就是说,这种打破统一时间的叙事,其实也正是表达更为复杂的社会现实的需要。李佩甫的小说《生命册》全书共分十二章,这十二章的叙述人只有一个,那就是小说的主人公吴志鹏,但是,小说的十二章内容,却并不全是吴志鹏自己的事情:小说的第一章介绍了吴志鹏的身世;第二章介绍了吴志鹏的家乡无梁村的民风,以及村支书老姑父的生活经历;第三章是吴志鹏的第一次奋斗经历,做枪手;第四章讲述的是无梁村当年的"能人"梁五方的一生;第五章讲述的是吴志鹏第二次奋斗历程,从炒股到办公司;第六章讲述的是无梁村一个名叫虫嫂的女人的一生;第七章讲述的是吴志鹏对旧情人的寻找,以及对生命的思考;第八章讲述和无梁村有关的杜秋月的一生;第九章讲述的是吴志鹏的生意伙伴骆驼的失败;第十章讲述的是无梁村春才的带有悲剧意味的生命历程;第十一章讲述的是吴志鹏遭遇车祸,在医院的见闻;第十二章讲述的是无梁村的村支书老姑父的女儿为他迁坟的经历。从上述章节的简单介绍,我们可以清晰看到,这部小说是双线结构:一条线索是小说主人公吴志鹏的苦难童年,在改革大潮中,在社会转型期的奋斗过程,以及他对生命的思考;另一条线索则是对他的家乡无梁村的介绍,对无梁村中有代表性人物的生命历程的介绍。如果要严格按照时间顺序来安排小说的内容的话,吴志鹏自己的生活经历、奋斗历程大约是可以安置在一个相对封闭完整的时间空间之内的,可是,毫无疑问的是,小说中关于无梁村的介绍,关于无梁村中梁五方、虫嫂等人生命经历的叙述是无法有机安排进小说严整的故事情节之内的——小说中梁五方、虫嫂等人的很多事情根本就发生在小说主人公吴志鹏出生之前,而且,吴志鹏的生命历程也基本上和这些人的生命历程没有太多交集。也就是说,如果按照传统的小说书写方式,在一个单一完整的时间内叙述一系列密切相关的人物及事件的话,小说中关于吴志鹏的叙述和无梁村的叙述,以及无梁村中这些人的生命历程的叙述基本是没有关联的。但是,对于这部小说来说,如果缺少了无梁村的叙述,缺少了对梁五方、虫嫂等人生命历程的叙述,那显然是不完整的,或者说,是不深刻、不全面的。虽然吴志鹏是小说的主人公,小说一半的篇幅都围绕着他展开,可是,仅仅描述一个吴志鹏的奋斗历程显然不是李佩甫这部小说的用意所在。我们可以说,从这部小说可以看出,李佩甫是有"野心"的,他的这部小说的书写是带有一定的史诗意识的。他力图表现的不是一个人的奋斗历程,他是想要给这个时代画像。吴志鹏,以及他的奋斗的伙伴骆驼当然是这个时代的典型人物,他们是时代的弄潮儿,他们敢为天下先,而且,他们的奋斗历程也带有某种程度的"原罪",用他们的生命历程来象征、表达这个时代很多的"成功者",无疑是极具意义的。可是,这对于李佩甫想要表达的东西来说,显然是不够的。李佩甫想要表达的,不仅仅是这个时代中一个人、几个人的成功历程,不仅仅是对这个时代中特定时段内投机意识盛行的批判。对于李佩甫来说,他想要表达的东西更为阔大,他要全景式地呈现这个时代,表现出在乡土中国的背景之下,商品经济大潮冲击之下的时代的巨大变革,表现出这个时代中人的奋斗、投机、沉沦,以及面对生活的重新思考。所以,吴志鹏这个小说主人公当然是小说的一条主线,可是,小说对那些似乎和吴志鹏这个小说主线丝毫没有关联的无梁村的旧人,比如说梁五方、虫嫂、春才等人生命悲剧的描述对于这部小说来说绝对不是无足轻重的,他们的生命历程在很大程度上表征着平原文化,表征着平原中的善良、淳朴以及狭隘、丑陋,他们的生命历程,他们的悲剧虽然和吴志鹏的奋斗历程没有直接交集,但是他们的生命却共同构成了吴志鹏奋斗的背景,从而让吴志鹏的生命历程带有更为深广的意义。从这部小说的叙述来看,这种时间的打碎显然让小说容纳了更为广阔的内容,从而也让小说表达了更为深广的意义。上述福克纳的《喧哗与骚动》、帕慕克的《我的名字叫红》等小说,其小说中整体统一时间的失去毫无疑问也都带来了叙事内容的丰富,带来了表达意味的深远。

这种对小说叙事中统一、整体时间的打破不仅有利于表达更为丰富、深广的社会内容,同时,也有利于便捷地表达精神、观念的复杂性。李洱的小说《花腔》是围绕共产党高级知识分子葛任的死亡这一段历史事实展开的,小说创造性地让和葛任有关,同时也和这件事情有关的三个人分别叙述了他们所经历的这段事情,然后在三个人叙述的中间,插进所谓的当时的历史资料。这三个叙述者一个是医生白圣韬,他是葛任小时候的朋友,在葛任之死的这段历程中,他曾经奉命从延安赶到葛任所隐居的地方找当地的党组织传递迷信;一个是人犯赵耀庆,他小时候曾经被葛任的父亲收养,在葛任之死的这段历程中,他是打入国民党内部的革命者,奉国共双方之命前去寻找葛任;另外一个则是范继槐,他年轻时候曾经与葛任一起去日本留学,事情发生时,他是国民党军官,奉命去捉拿葛任。也就是说,对于葛任的死亡,这三个人都在一定程度上是知情的,可是,有趣的是,在葛任之死这一事件上,他们之间的叙述一方面在某些事实互相印证,另一方面,因各自的立场不同,却又大相径庭。这三个叙事者都是葛任之死事件的参与者,应该说,是有可能将他们的叙述纳入一个统一、整体的时间内进行叙述的,从而完整而权威地解释出葛任之死的真相。可是,问题是,作家的目的显然不在于完整而权威地解释清楚葛任之死,他通过打破单一、完整时间段之内的故事叙事,通过让三个人分别叙述自己在这一段时间内的活动,给我们呈现出这样一个事实:葛任之死的历史真相已经不可能完全获得了。因为,历史的当事人,都有着自己的利益、立场,所以,在叙述这段历史的时候,他们就会选择粉饰自己而丑化别人。或许,这部小说描述的事情本身是谈不上复杂的,不过,在经过不同的叙述人分别叙述之后,事情突然就变得复杂难明了。这样,利用叙述时间的打破,小说呈现了人性的复杂,以及历史真相的不可获得。上述这些小说,无论是《喧哗与骚动》《我的名字叫红》,还是《生命册》《花腔》,小说本身所表达的内容是多维度的,这些内容在一个单一完整、没有枝蔓的故事中,是很难讲述出来的。这就是现代小说突破传统完整、统一叙事时间的重要意义。当然,无论是社会内容的复杂性,还是人性、历史的复杂性,这种复杂性都是和现代纪元密切相关的,这种复杂性,或者说,对这复杂性的发现,都是现代的产物。当然,表现这种复杂性,也正是现代小说的题中应有之义。

事实上,现代小说这种相对于传统写实笔法的变化并非仅仅是一种艺术形式的变化,而是一种小说精神的变化。萨特指出:"一种小说技巧总与小说家的哲学观点相关联。批评家的任务是在评价小说的技巧之前首先找出他的哲学观点。"①现代人已经发现,技巧并非是孤立的技巧,形式并非是孤立的形式,如同艺术家穿戴的奇形怪状背后指向的是他们对现存很多社会价值理念的不认同一样,小说的形式的变异与革新指向的也是某种价值立场。20世纪以来,小说的精神发生了重大变化。米兰·昆德拉在《小说的艺术》中强调"小

---

① 让-保罗·萨特:《关于〈喧哗与骚动〉·福克纳小说中的时间》,见让-保罗·萨特《萨特文学论文集》,施康强等译,安徽文艺出版社,1998,第22页。

说的精神是复杂的精神"①,并且指出现代小说正是现代世界的产物②。现代小说中的时间成为碎片的合集,正是小说复杂精神的一种展示。这种小说精神的形成,如同米兰·昆德拉所言,和现代世界是密切相关的。在现代世界,我们已经无法再像以往那样,叙述一个完整的统一的世界,因为现代世界本身已经不再是完整统一的了。现代世界的一个很重要的特点就是世界变得越来越复杂,传统社会中那种单一的、恒定的价值观念、生活趣味已经荡然无存。对于人类来说,二十世纪是一个在认知上突飞猛进的世纪。在这个世纪,人类不仅在自然科学上获得了匪夷所思的发展,认识世界、改造世界的能力大大增强,同时,人文社会科学学科也获得了重大的进展。弗洛伊德、荣格、拉康等人的研究解开了困扰人类几千年的关于人本身的问题。马克思则以他的伟大发现,揭示了世界运行的秘密规则。但是,问题是,人类关于自然、关于社会、关于自身的突飞猛进的认知并没有把人类的生活简单化,反而让人类的世界充满了更多晦涩难明的东西——因为我们懂得更多,所以我们也发现了更多的未知。这些秘密的发现没有让

---

① 米兰·昆德拉:《小说的艺术》,唐晓渡译,作家出版社,1993,第19页。
② 米兰·昆德拉:《小说的艺术》,唐晓渡译,作家出版社,1993,第5页。

现代人彻底认知生活的本质,反而把现代人抛入了更加复杂、更加令人迷惑的现代迷宫中。在这种情况下,作家也无法再以肯定的、全知的姿态面对这个世界,而只能犹疑地表达自己对这个世界的认知。艾略特在《玄学派诗人》一文中有过一段著名的评论:

> 就我们文明目前的状况而言,诗人很可能不得不变得艰涩。我们的文明涵容着如此巨大的多样性和复杂性,而这种多样性和复杂性,作用于精细的感受力,必然会产生多样而复杂的结果。诗人必然会变得越来越具涵容性、暗示性和间接性,以便强使——如果需要可以打乱——语言以适应自己的意思。①

艾略特说的是诗歌,但我们也可以用它来评论现代小说形式的复杂性。事实上,无论是诗歌还是小说,这些文学作品都是用自己的形式的改变对这个世界突然呈现出来的复杂性做出了一个回应。如上文所分析的,形式往往是思想的某种形式化的表达,我们可以发现,现代小说的形式探讨不仅仅是指向的形式本身,而且也在探讨用什么样的方式才能更加尖锐、更加深刻地表达我们当下生存的本质。正如上文所探讨的作品所显示的那样,正是所有的细节无法纳入一个统一的时间整

---

① T.S.艾略特:《玄学派诗人》,转引自吴晓东《从卡夫卡到昆德拉》,生活·读书·新知三联书店,2003,第5页。

体之内,导致小说的意义不断向外溢出——它无法再用一个简单的句子或者段落来概括出来,所有不同叙述者叙述的不同细节,包括那些无法纳入总的主干的时间因果顺序之外的细节,都在传达着小说的某种意义指向。换言之,现代小说这种曲折的小说形式,碎片化的时间,从本质上和现代文明的复杂性是同构的。现代小说用碎片化的小说时间直接回应了我们愈来愈碎片化无法概括的复杂的生存现实,是对现代生活的一个隐喻。

二

很多现代作家都对时间充满了兴趣。德国作家托马斯·曼,虽然在他的名著《魔山》中依然基本严格遵循时间的物理顺序来结构小说,但是,在小说中,作家却借助主人公之口,探讨了时间问题:

> 对于所谓无聊的本质,人们普遍存在着多种错误的想法。总而言之,就是相信事情新鲜有趣,就能"驱赶"时间快跑,也就是使时间缩短;反之,单调空洞就会阻碍时间的行进,使行进变得艰难。这可不绝对正确。空洞单调固然可以将一瞬或者一个钟头拉伸,使它们变得"长而无聊";但是,使用大的乃至最大的时间单位,就可缩短它

们,甚至将它们化为乌有。反之,内容丰富有趣,好似可以使一小时乃至一天缩短、加快,然而从大处着眼却赋予了时间的锦城以宽度、重量和充实,以致事件频繁之年就比内容贫乏、空虚,让风也吹得跑得轻松,年头过得慢得多,后者稍纵即逝。①

之后,在该小说的第七章,小说再次探讨时间,把时间与音乐类比。看起来,托马斯·曼对时间的奥秘充满了兴趣。从上述文字来看,托马斯·曼探讨的时间问题的中心在于时间的主观性。这也是众多作家共同感兴趣的地方,事实上,很多作家所进行的关于时间的探讨,都是在打破客观、匀质、空洞的统一时间,而力求凸显时间的主观性与特殊性。

在我们的一般理解中,时间是严格按照时序线性排列的似乎可以感知的物体。从一点到下一点无限延续,而且,这个无限延续的时间对于每一个人都是同样的。这样,时间就被理解成客观的、匀质的客体。正是源于对时间线性运行的理解,人类创制出了很多时间测量的工具和方法,比如说,表是测量一天时间的工具,日历是测量一年时间的工具。在人类的作用下,时间似乎完全成为可以把握、可以测量的实体。而且,是一个严格按照物理顺序前进的物体。比如说,没有经过

---

① 托马斯·曼:《魔山》,杨武能译,中国戏剧出版社,2006,第116页。

九点钟,你绝不可能直接到达十点钟,没有经过2009年,你绝不可能直接到达2010年。事实上,当我们把时间理解成为线性递进的连续的过程的时候,我们自己关于时间的认知是有问题的。我们这种认知存在的问题,用萨特的话说就是"我们把时间和时序混为一谈了"①。按照萨特的看法,我们其实有两个时间概念,一个是用表、日历丈量的时间,另外一个则是海德格尔存在论的时间,而用表和日历丈量的时间其实是时序而不是时间,但是,我们已经习惯于把这个可以被测量的时序当作了时间本身。真正的时间应该是海德格尔存在论的时间,那不再是一个可以计算的序列,而是一个不可穷尽又无法逃避的存在。我们人为制造出的时间器具,比如钟表、日历,并不能对这个不可穷尽又无法逃避的存在进行准确测量,因为这个存在论的时间实际上和人的感知有关。这种强调个人感觉、心理对时间的影响看上去似乎不太科学,但是也有研究证明,这种感知时间的方法并非不科学。利奇在"时间与假鼻"一文中写道:"有充分的证据表明,用天体时间的序列来衡量,生物个体衰老的速度往往会逐渐放慢。我们差不多都感到童年的头10年比起40—50岁那火热的10年来'要长得

---

① 让-保罗·萨特:《关于〈喧哗与骚动〉·福克纳小说中的时间》,见让-保罗·萨特《萨特文学论文集》,施康强等译,安徽文艺出版社,1998,第22页。

多'，这绝不是幻觉。生物过程，如伤口痊愈，(用天体时间来衡量)在童年比老年要快得多。但由于我们的五官感觉依赖于生物过程，而不依赖星体，时间的马车看起来似乎会越跑越快。生物时间的这种不规则的流动不只是个人直觉到的现象，它在我们周围的有机世界中也可以观察到。植物生长在生命周期的开头比在末尾快得多。"①正因为体会到时间和人的主观心理、主观感受的关系，韩少功在《马桥词典》中诗意地写道："时间这种透明的流体从来就不是均量地和匀速地流淌着，它随着不同的感知力悄悄变形，发生着人们难以觉察的延长或缩短、浓聚或流散、隆凸或坍塌。"

当过去的时间已经不是时间，而仅仅是消失的时序的时候，再来刻意保留时序本身的顺序，就显得有些滑稽，或者说，它本身也是难以保留的。因为，这些过去的时序已经不再是时间，而成了记忆。墨白在小说《映在镜子里的时光》中，利用小说人物的对话，也表达了他的时间观念：

　　夏岚这时听到白静又对丁南这样说，能说说你对时间的认识吗？

　　……

　　夏岚用眼睛的余光看着他们，她听见他笑了。他说，

---

① 史宗：《20世纪西方宗教人类学文选》，上海三联书店，1995，第498页。

我说可以,你得分给我稿费。白静说,可以,你说吧。

现实存在于一瞬之间。

上午吃饭的时候你就是这样说的。不过你说的不是时间,而是现实。

不,我这是在说时间。这就是我对时间的认识,也是我对生命的认识。我们说中华民族有五千年的文明史,可是这么长的时间在哪里?就在我们这说话之间。你想想,昨天的一切,刚刚过去的一切,都在哪里?比如说我现在已经四十岁了,可是我那过去的四十年在哪里?

夏岚回过头来看着他,她想,四十岁?一点都不像。他看上去顶多有三十岁。

丁南说着拉了一下夏岚,他说,夏岚,你今年二十岁了,你这二十年都在哪里?你说,在哪里?

夏岚说,我不知道。

他笑了,他说,你看,我们全都是一些迷路的孩子。

白静似乎有些激动,她说,好,深刻,继续说。

他摊开自己的双手,耸了一下肩,没有什么好说的,一切都是记忆。记忆是什么?记忆就是把昨天的事情和二十年前的事情混搅在一起,记忆就是把你听别人讲的事情和你夜间睡觉做的梦混搅在一起,记忆是靠不住的!

所以我们全是一些迷路的孩子。①

借助丁南,墨白表达了自己的时间观念,真正的时间只存在于当下,当下你可感知的。当下一旦过去,它就不再是时间,而只能成为回忆。而且,在墨白看来,这个记忆也是不靠谱的,"记忆就是把昨天的事情和二十年前的事情混搅在一起,记忆就是把你听别人讲的事情和你夜间睡觉做的梦混搅在一起,记忆是靠不住的"②!这样的话,"我为什么要去固守那些已经失去了时间意义的事件的次序呢?三十年前的事件和昨天刚刚过去的事件对于我这个以记忆为源泉的写作者来说,它们之间已经没有什么差别了"③。毫无疑问,当意识到传统的时间不过是一种时序之后,这种时间的线性排列就对致力于讲述内心生活内在经验的现代作家失去了意义。对于传统的故事讲述者来说,严格遵循时间的线性关系或许是必要的,因为外部事件的延续、展开要依赖于这种时间的线性排列展开。但是,对于讲述内心生活,叙说个人内在经验,而不关注故事的惊险、刺激的作家来说,这样一种线性时间排列反而失去了其真实性和有效性。从这个角度来说,现代小说叙事中大量出现时间的碎片,出现时间的无序排列,其实正表明了大量的

---

① 墨白:《映在镜子里的时光》,群众出版社,2004,第 2—3 页。
② 墨白:《映在镜子里的时光》,群众出版社,2004,第 2—3 页。
③ 墨白:《与写作有关的一些断片》,见墨白《怀念拥有阳光的日子》,河南文艺出版社,2006,第 214 页。

现代小说叙事者的时间理念、叙事理念已经发生了重大变化，对于他们来说，更为重要的不是对生活事件进行逼真的模拟，而是指向心灵、指向灵魂的颤动。这种叙事时间的重大变化，正说明了现代作家对心理感受的尊重和对物理时序的轻慢。邵丽的小说《我的生存质量》没有一个完整统一的故事，也没有严整的物理时间顺序，小说完全根据叙事者的思绪在自由流动。如果说非要给这部小说寻找一个主线的话，那就是，叙述者的丈夫有一天突然从一个县委书记变成了阶下囚，由此，给叙述者，给叙述者的家庭带来了沉重的打击，小说呈现的就是叙述者面对、消化这样一个现实的过程。在这个小说的叙述中，物理时间基本完全失效，小说的演进完全是随着叙述者的思绪在流淌。针对这种状况，叙述者用大量的篇幅回忆自己和丈夫的往事，包括恋爱经历、婚姻经历，以及在婚姻中曾经遇到的问题，接着，叙述者又由自己丈夫出事后自己遭遇到的情况，感慨人情冷暖，这又涉及对叙述者朋友的生活状态、生活立场的描述，接着，又从自己所面临的生活状况，进入对生命、历史的反思。这个反思涉及对自己的父辈——自己的父亲、母亲、公公、婆婆及叔叔、婶子这一代人，生命历程的反思，也涉及对自己这一代人——包括自己、自己的哥哥等——的生命反思，最后又涉及对自己的下一代——自己的孩子——这一代人的生命反思。从这个小说表达的内容来看，我们可以清晰地发现,一方面,这个小说叙事完全打破了物理时间顺序,另一方面,打破这个物理时间顺序所依赖的,正是心理时间,情绪的流动和感受。显然,对于现代作家来说,表达精神性的东西比起表达物理时序是更为重要的。

这种对物理时序的轻慢也会带来另外一个问题,当然,这可能也是作家打破物理时序的目的之一,那就是对小说情节性、故事性的消减。瓦特在《小说的兴起》一书的开始部分谈到,小说打破了运用无时间的故事反映不变的道德真理的较早的文学传统。小说的情节在于把"过去"的经验用作现时行动的原因,通过时间取代过去的叙述传统对巧合的依赖,因此使得一种因果关系在叙述中发生了作用,这种倾向使小说在时间上,在表现历史和日常生活上具有了一个更为严谨的结构。也就是说,在小说这里,时间的顺序前行不仅仅是在遵循我们传统的物理时间,而且事实上这种物理顺序时间也扮演了重要角色,就是暗合因果原则,利用时间的自然延伸,使小说情节自然伸展。里蒙·凯南干脆就把故事的时间顺序视为一种因果关系的产物,"时间顺序原则,即'后来怎么怎么'的原则,常常和因果关系原则,即'原因就在于此'或'因此什么什么'的原则结合在一起"①。当现代小说作家打破传统小说

---

① 里蒙·凯南:《叙事虚构作品》,姚锦清等译,生活·读书·新知三联书店,1989,第30页。

的物理时序,按照心理时序来重新结构时间之后,原本充满因果关系的故事似乎一下就失去了推动情节发展的动力。比如福克纳的《喧哗与骚动》,小说开始就是白痴班吉的意识流动,虽然这个白痴被余华称为"伟大的白痴",因为这个白痴轻而易举地把人生和世界的本相揭示了出来——他的思绪的混乱与世界的秩序有异曲同工之妙,但是我们不得不承认的是,这个深刻的白痴的意识,或者说他的叙述的确让人很难阅读下去。在他的意识中,往事杂乱无章地呈现出来,就其中译本(上海译文出版社版)来讲,如果不是翻译李文俊先生在下面不停地加注释,解释其意识的突然变幻,我相信,这部书对于很多人来讲可能不啻天书。在阅读、理解尚且如此费力的情况下,更遑论直接体会到其中情节的吸引力了。毫无疑问,叙事的断片直接影响了小说的情节可读性。且不说这种叙事内容转换毫无前兆的意识流小说,即便是写实性的小说,如果把时间打乱,其情节故事性也毫无疑问地大受影响。邵丽的《刘万福案件》从题材来说,似乎很有噱头;在某种程度上说,属于官场小说,叙事者是一个副县长;小说主要叙述的内容,又是一个农民"三死三生"的曲折故事。但是在邵丽的叙述中,小说并没有严格按照物理时间顺序讲述这个名叫刘万福的农村人的"三死三生"的传奇故事,而是从这个副县长叙述者的视角入手,一点一点深入下去,又利用不同的叙述者来讲述这个刘万福的经历,在这个过程中,又加入了该县县委书记的仕途这样一个副线,同时,在叙述中,又不断结合刘万福案件融进诸如矿难等社会话题。总而言之,从时间角度来说,这部小说的时间完全被割裂成一个个碎片。这个割裂显然影响了小说的故事性——我们没有从所谓的"三死三生"中读到任何的传奇性效果,但是,这个时间的割裂和小说故事性的相对减弱却带给小说更为丰富、阔大、辽远的表现空间,这也正是很多现代作家所追求的目标。

    萨特说,一种小说技巧总与小说家的哲学观点相关联。这个观点或许有些夸张,但是,至少说明,小说的形式对于小说来说是极其重要的。而且,我们还可以进一步说,小说形式、小说技巧在很大程度上可能不仅仅与作家个人有关,也与时代精神、时代状况有着密切的关联。对于现代世界的人们来说,随着世界的复杂性一步步被现代科学呈现出来,随着现代人精神一步步复杂起来,小说叙事的技巧、形式也随之复杂显然也是必然的事情。小说叙事在很大程度上是时间的艺术,回应现代世界的复杂性,现代小说中的时间已经发生了重大变化。这种小说叙事中时间的变化,显然也是文学书写者应该关注的事情,唯此,他才可以用形式本身呈现出更为丰富的东西。

第七章　小说中的"轻"与"重"

一

卡尔维诺在《新千年文学备忘录》中谈到了他强调的几个文学品质，列在第一位的就是"轻"。卡尔维诺并没有明晰地讲出何谓小说叙事中的"轻"，或者说，给小说叙事中的"轻"下一个明晰的定义。这显然是一个多少有些复杂，难以明晰地解释的概念。为了讲解他所谓的"轻"，卡尔维诺特意借助了古希腊神话：蛇发女怪美杜莎有特殊的能力，凡是被她眼睛看到的东西，都会变成石头。这就让消灭蛇发女怪这个任务变得异常沉重。可是，英雄珀尔修斯完成了任务——他借助的是风和云，以及一个铜盾。珀尔修斯借助铜盾中的影像看到美杜莎的位置，然后驾驭风云，一闪而过，杀掉了美杜莎。这显然是一个极富寓意的神话,当然,经过卡尔维诺的重新表述,它在文学写作上也具有了独特的意义。卡尔维诺说,看到这个神话后他"立即就想把这个神话当成诗人与世界的关系的寓言,当成写作时借鉴的方法上的榜样"①。当然,卡尔维诺之所以强调轻逸,是因为他认为轻逸意味着精彩、美妙,能带给人美好的阅读感觉。在谈轻逸的时候,卡尔维诺谈到了萨满教的巫师,以及欧洲世界的女巫。出于对现实世界的想象性超越,原始部落的萨满教巫师往往在传说中就获得了超越人类极限的力量,他们可以卸去身体的重负,飞进另一个世界,以此种方法他们寻找力量改变现实面貌。同理,在妇女承受严苛生活的时代,往往有女巫们在夜里乘着扫把柄飞翔的传说和神话。飞翔一直都是人类的梦想,毫无疑问,无论是巫师的飞翔,还是女巫们骑着扫把飞翔,那种飞翔的姿态都是令人神往的,都是非常精彩美妙的。关于女巫的传说,关于萨满教巫师的神奇故事,也都在强调,同样作为对现实世界的想象性超越的小说,也一定应该是神奇的、精彩的,能够带给人精神或者想象力的飞翔。不过,"轻"到底是一种怎样的品质呢?小说具体如何表现才能呈现出轻逸呢?

按照卡尔维诺的说法,珀尔修斯是以最轻逸的方式完成

---

① 伊塔洛·卡尔维诺:《新千年文学备忘录》,黄灿然译,译林出版社,2009,第3页。

了最沉重的任务,那么,借助这个神话,我们可以寻找卡尔维诺无法定义的"轻"到底具有什么样的特点。从这个神话看,要实现"轻",必须首先考虑切入视角,也就是怎么去看,怎么去表现自己要工作的对象。面对沉重的任务,珀尔修斯没有采取直视美杜莎——这只能让他自己变得沉重,从而无法完成任务——而是采用折射的方式。这显然是卡尔维诺给我们的暗示,我们的生活已经被充斥其间的各种话语凝固化了,使得我们谈论生活、思考生活的时候,只能在固定的视角中完成,这也就导致面对生活,我们很难产生自己独特的看法,这也就使得我们生活在一种固化的沉重之中。要避开生活的这种沉重,小说家必须要拥有自己独特的视角——直接面对坚硬和沉重,只能让自己变得沉重和坚硬。这则神话首先给我们的一个启示就是,要想让自己的写作避开生活中的固定、坚硬的话语,要想让自己的小说变得轻逸,小说家首先要选择独特的有效的视角。这种视角不是回避现实,而是寻找另外一种独特的方法来观察自己需要表述的对象。正如卡尔维诺所说:"珀尔修斯的力量永远来自他拒绝直视,但不是拒绝他注定要生活于其中的现实。"[1]作家面对沉重的现实的时候,他只有选择一个避开正面沉重生活话语的视角,一种轻逸的写

---

[1] 伊塔洛·卡尔维诺:《新千年文学备忘录》,黄灿然译,译林出版社,2009,第4页。

作才可能出现。

对于小说写作来说,所谓视角,指"叙述者或人物与叙事文中的事件相对应的位置或状态,或者说,叙述者或人物从什么角度观察故事"①。很多作家都非常敏锐地意识到了叙事视角对于小说叙事的重要影响。福克纳的《喧哗与骚动》、君特·格拉斯的《铁皮鼓》、鲁迅的《狂人日记》、阿来的《尘埃落定》、墨白的《梦游症患者》都是通篇采用了一个智障者的视角来描述他们眼中的世界。显然,这么多作家偏爱傻瓜是有原因的,很多小说写作的目的在于突破社会的某种常规认知,而在这样的状况下,以常规的方法去书写,显然就很难打破常规认知。在这样的状况下,傻瓜因为其不谙世事,和现实社会有脱节,而且可以畅所欲言,所以,他们的视角就可以自然随意地打破社会既定话语,"在反对所有现存生活形式的虚礼,在反对违拗真正的人性方面,这些面具获得了特殊的意义。它们给了人们权利,可以不理解,可以糊涂,能够耍弄人,能够夸张生活;可以讽刺模拟地说话,可以表里不一,可以在戏剧舞台的时空体里过生活,可以把生活描绘成喜剧,把人当成演员;能够去撕别人的假面,能够以严厉的(几乎是宗教的)诅咒

---

① 胡亚敏:《叙事学》,华中师范大学出版社,1994,第19页。

骂人;最后可以有权公开个人生活及其一切最秘密的隐私"①。也就是说,这种傻瓜视角使得作者可以借助这个傻瓜相对自由地表达自己的观点——即便有些观点是惊世骇俗的,因为,傻瓜是有乱说的权利的。当然,阅读这些小说,我们会知道,傻瓜在这些小说中从不乱说,他们看似乱说的话,其实都是在表达着作家的某种想法,都带有隐喻的色彩。比如莫言小说《檀香刑》第十七章,"小甲放歌"中有这样一段描写:

> 戏台上的袁世凯——抻着一根细长的鳖脖子,背上的鳖甲像一个大大的锅盖,把袍子撑得像一把油纸伞,就是许仙游湖时借给白蛇和青蛇那一把,那把伞怎么到了袁世凯的袍子里去了呢?哦,不是伞是鳖盖子啊,鳖竟然能当大人真是好玩得很,咪呜咪呜。袁圆鳖把鳖头歪到大灰狼克罗德嘴巴前,喊喊喳喳地说了一些什么鳖言狼语,然后他就从身边随从手里接过了一面红色令旗,斜着往下一劈。这一劈非同小可,快刀斩乱麻,快刀子砍豆腐,一点点也不拖泥带水,可见这个大鳖的道行很深,不是个一般的鳖,是个高级鳖,一般的鳖是当不了这样的大官的。②

---

① 巴赫金:《小说的时间形式和时空体形式》,见巴赫金《小说理论》,白春仁、晓河译,河北教育出版社,1998,第358页。
② 莫言:《檀香刑》,当代世界出版社,2004,第333页。

在傻瓜叙述者的眼中,袁世凯居然是个鳖,而德国侵略者克罗德则是大灰狼。正常人的眼中自然不是这样的。不过,这个傻瓜的眼光显然在某种程度上更具有勘破生活本质的功能,这看似疯傻的话语,却点到了人物最本质的地方。

当然,对于小说叙事来说,视角的选择并非都意味着选择一种极端的和常态完全对立的视角,比如傻瓜的视角。这样可能会意味着另外一种僵化的产生。事实上,小说视角的选择是需要作家针对不同表达对象进行有意的寻找、探索,很多时候,针对小说主要叙事主旨的任何一点微妙的位移,都可能给小说带来更为丰富、有趣的变化。而且,在我看来,小说独特视角的选择,不仅仅是为了表达得深刻、丰富,还应该使小说叙事显得更为轻逸。卡尔维诺举珀尔修斯杀掉美杜莎的例子想要说明轻逸的方式的重要性,所以,轻逸不仅仅是换一个视角的问题,正如珀尔修斯用来看美杜莎的盾牌必须和他驾驭的风和云结合一样,珀尔修斯的视角是他最终能完成轻逸的方式的重要前提。所以,选择的视角如果能使小说叙事更为自在、轻逸,当然就更为理想。我一直对张爱玲的小说《倾城之恋》推崇备至,这部小说,在我看来,就完全体现了卡尔维诺所理想的轻逸的品性。小说想要表达的内容,显然和女性在这个时代的不自由、不独立有关。当整个社会没有给女性提供自立、独立的空间的时候,即便女性有独立的思想——比如小说中的白流苏,敢于和丈夫离婚,但是最终还得回到夫权的奴役之下。用张爱玲略带促狭的话来说,女性在这个时代的前途就是做一个"女结婚员"。白流苏在和丈夫勇敢离婚的时候,大约曾经想过自己还是有后路的,那就是娘家。可是没有想到,回到娘家,特别是离婚后自己带回来的财产花完之后,两个哥哥看她的眼光也都不一样了——除了做"女结婚员"没有其他的出路。正是在这样现实的刺激、逼迫之下,白流苏才主动想办法要嫁给范柳原的。这样一个沉重的主题,在《倾城之恋》中,却以范柳原与白流苏的角度呈现了出来。这一对男女,各有心事,男的,范柳原,看上了白流苏,却不想娶她,只想把她收做自己的情妇;女的,白流苏,看中了范柳原的资产——这是做"女结婚员"必须重点考虑的问题,她不想做范柳原的情妇——毕竟她也是大户人家的女儿,虽然大户已经破落了,她要努力让范柳原娶了自己。小说最后,借助香港的沦陷的外力,原本已经彻底失败,成为范柳原安置在香港的情妇的白流苏峰回路转,成功地把自己嫁给了范柳原,成了他名正言顺的妻子。可是,此时的张爱玲,却又巧妙地借助"倾城之恋"这样一个中国古代用来强调爱情的词汇来促狭地形容范柳原和白流苏出于现实利益考虑的婚姻。小说原本极其沉重的内容,在张爱玲轻逸的视角中飞翔了起来。

邵丽在2011年发表的一系列引起强烈反响的挂职小说

之所以成功,在我看来,很重要的一个原因就在于小说选取的视角有效规避了生活中的种种固定话语视角,从而让作家在相当程度上规避了既有的种种话语窠臼。挂职系列小说的叙述者是一位挂职副县长。挂职是中国特有的现象之一,对于作家来说,挂职是丰富自己生活的一种有效方式,所以,在中国有过挂职担任行政干部经历的作家不在少数。事实上,在我看来,挂职其实是给作家提供了一个躲开固定话语影响的契机。对于作家来说,挂职生活其实是对现实生活的一种规避,在某种程度上,此时的作家既脱离了自己原有的生活,也没有融进挂职地的生活——挂职毕竟不是正儿八经的干部。这种身份的转变,和与社会既定规则的某种程度的疏离在很大程度上能够帮助作家以一种陌生化的崭新视角重新观察自己眼前的这个社会。可是问题是,据我所看到的小说,绝大多数有挂职经历的作家都自觉地融入了自己挂职的生活之内,自觉地熟悉挂职的生活,以及种种生活规则。这样,挂职对于他们来说,仅仅是帮助他们熟悉了一下他们所陌生的生活方式而已。也就是说,他们没有利用这个契机逃离生活中的种种固定话语视角。在我看来,邵丽的挂职系列小说很重要的一个特点就是其中体现出叙事者自觉对固定生活话语的逃避。在《挂职笔记》中,小说以叙事者挂职副县长赵县长的视角来谈他看到、听到的县政府里面的人和事,被赵县长叙述的人物既有副县长,也有县政府的司机、厨师。叙事者赵县长自觉地和小说中的所有人物划清了界限——她不介入他们的生活,仅仅以旁观者的眼光观察她身边的这些人。《老革命周春江》中的挂职副县长李县长也是以自觉待在生活之外的姿态面对她负责的上访干部周春江。《村北的王庭柱》则完全隐去了叙事者,以讲述传奇的口吻讲述了一个乡村农民的生命历程。《人民政府爱人民》则重点塑造了一个贫困农民老驴及让人啼笑皆非的不屈不挠的上访过程。在这些小说中,《挂职笔记》和《老革命周春江》中都有作为挂职者的叙事者存在,而另外两篇小说中,则完全让挂职叙事者消失,而且,叙事者是以旁观者的立场,不介入小说内容的立场在叙述。更为重要的是,在这一系列小说中,叙述者视角所指向的对象不是关涉国计民生的大问题,而往往是一些似乎无关大雅的事情,比如《挂职笔记》中关于各色人等的一系列生活中的段子,比如《老革命周春江》中周春江从一个党的干部到因为退休还是离休而争执不休的上访,等。这个叙事角度和叙事题材的选取使得邵丽的挂职系列小说规避了此类小说主题的一些固定化视角,使她的小说具有了独特的力量。

  作为挂职副县长,一般说来,其生活主要是两部分,一部分就是官场生活,一部分则是作为工作对象所接触到的底层农民的生活。这两种生活在当下小说叙事中都已经成了叙事俗套,写官场的,就是所谓的官场小说,往往集中描写官场的钩心斗角,波诡云谲,以及官员腐化的生活;写底层农民的,要么迎合主旋律,将之写成主旋律小说,描述底层农民如何忙于致富,要么迎合文坛主流,将之写成底层文学,描述底层农民的生活多么困苦。我不是说上述类型小说集中描写的对象不存在,但是,文坛流行的这些小说却实际上把复杂的生活固定化、简单化了,实际构成了一种媚俗。当小说按照上述逻辑进行描述的时候,社会流行的固定话语自然而然地就左右了小说家的思维,小说就再也无法逃出社会固定话语的压抑。如上所述的官场小说、底层文学、主旋律乡土小说等等,其实不过是社会话语的一种变体而已,换言之,上述几种小说类型所描写的生活,并没有超出当下报纸、网络等新闻报道的东西,自然也无法给小说提供新质。更为重要的是,这样的写作,往往就成了社会学的翻版,而不具有小说特有的价值和精神。当邵丽自觉脱离开这些固定话语视角,以挂职者、旁观者的视角来观察生活的时候,小说叙事显得轻快自如,有别于我们习惯的固定立场固定视角下的生活也就得以呈现。比如邵丽的《人民政府爱人民》这篇小说,小说主人公老驴家穷,女儿考上大学之后,学费成了问题,他申请政府救济未果,女儿出去打工,一去不回。之后老驴就将女儿的失踪归咎于政府不救助,开始每天跑到县政府找领导要女儿,后来又上访。这类题材当然可以很容易地处理成底层文学的写作题材,底层的穷苦,教育产业化带来的高昂学费对底层民众的冲击,以及底层民众在经济困境之下的悲剧。但是,邵丽写作的重点却不在这些上面,她饶有趣味地重点写了老驴如何固执地把女儿的失踪归咎于政府的不救济,以及向政府要女儿的过程,同时又详细地描写了老驴百折不挠地上访,以及在上访过程中和基层官员斗智斗勇的故事。在这样的叙事过程中,小说显然绕开了处理此类题材最为常见的底层视角,用看似轻松的笔墨把故事展现了出来,也正是在这样的展示过程中,邵丽的小说呈现了种种类型化的小说所无法表现出来的东西。比如上述的《人民政府爱人民》,虽然不着意表现底层,其实却已经展现了底层生活,更为重要的是,小说因为没有仅仅站在底层的立场进行批判,又让我们看到了当下中国的种种矛盾现实,呈现出了生活的多元复杂性。

珀尔修斯在完成最为沉重的任务的时候,借助的是最为轻盈的风和云——他借助铜盾的反光,驾驭风云,一闪而过,完成了消灭美杜莎的壮举。也就是说,在完成沉重的任务的时候,观察视角很重要,可是,要实现轻,不仅仅需要视角的更新,还要借助轻的工具。珀尔修斯借助的是轻盈至极的风和云,作为小说家,要以轻的方式表达生活之重,不仅需要变换视角,也还需要其他的具体手段,这个具体手段显然就是小说的要素——语言,故事,等等。作家必须借助这些要素,才能表达出自己想要表达的东西。对于小说写作来说,语言是极其重要的。小说作为艺术的存在,首先是一种语言艺术,干净整洁是语言的基本标准,有感染力、能和主题相辉映则是理想的高度。在卡尔维诺看来,轻应该与"精确和坚定为伍,而不是与含糊和随意为伍",也就是说,小说中的轻并非简单随意的处理,而是对语言的精确使用。卡尔维诺指出了语言中的轻的几种表现,"首先,把语言变轻,进而通过似乎是无重量的文字肌理来传达意义,直到意义自身以同样精纯的一致性显现……其次,是对有微妙和难以察觉的元素在起作用的一连串思想或心理逻辑程序的叙述,或任何一种涉及高度抽象的描写……其三,是一种获得象征性价值的轻的视觉形象,例如——在薄伽丘的故事中——卡瓦尔坎蒂灵活的双腿腾跃而起,越过墓石"[1]。卡尔维诺所说的第一种语言的轻逸表现在诗歌中经常可以见到,那是一种脱离了具体语境和具体的逻辑关系的语言,在打破语言的连贯性和稳定性的过程中,语言失去了重量、密度"以及事物、形体和感觉的具体性",语言变成了"无重量的元素",像一朵云一样飘浮在事物的上空。但是小说不可能用这样的语言来展现轻逸,因为小说语言不可

---

[1] 伊塔洛·卡尔维诺:《新千年文学备忘录》,黄灿然译,译林出版社,2009,第 16—18 页。

能脱离具体语境和逻辑关系，不可能只通过塑造一些跨跳性极大的景象来表达主旨。小说必须讲究语言的逻辑性，所以，卡尔维诺所说的第二种和第三种语言的轻逸表现往往才是小说经常采用的。简单来说，能否用语言把微妙复杂的高度、抽象的意象表达出来，能否塑造出令人难忘的轻的感受，是小说家能否把自己小说语言变轻的关键所在。

上面提到的邵丽的挂职系列小说的语言也是非常讲究的。在《挂职笔记》《老革命周春江》中，邵丽直接大量引用来自民间的段子和语言，而在《村北的王庭柱》中，邵丽又有意识地采用传奇故事的笔法。《挂职笔记》中涉及官场文化、中国文化惰性的反思等诸多深刻命题，《老革命周春江》则更是涉及政府与民众关系这样的宏大题旨，这些小说包含的叙事题旨往往容易让小说语言陷入沉重之中——我们生活中早已充满了关于这类命题的沉重的语言，它们会对我们的思维构成限制。可是邵丽却用讲述民间传奇的轻松自在语言，用直接来自民间的段子和语言化解了这些语言的沉重，从而让小说语言显得跌宕生姿，塑造出了一系列令人难忘的轻逸的形象。在《挂职笔记》中饶有意味的一段是关于祁副县长当官的描写：

> 他刚当乡长那会儿，为了练习讲话，天天站在自家屋子后面的高粱地里对着一坡高粱秆子训话。人家的高粱

都收完了,他家的还直愣愣地戳在地里,被秋风吹过来摆过去,像一群没娘的孩子。娘过来说,儿啊,高粱再不收都喂老鸹啦!他挺胸收腹气沉丹田,朗声对娘说,娘啊,你用这一坡高粱能换个乡长不?目不识丁的老娘根据当前的物价指数合计了一下,摇了摇头。他就转身去给高粱讲第二个问题:"……加强领导,统一认识,坚决彻底不折不扣地贯彻落实好上级精神……"

…………

我从他手上接手计划生育工作,说实话这个茬真不好接。他管这项工作的时候,曾在全县的计划生育工作大会上讲了一通气壮山河的话,据说这段话正准备写入我国计划生育工作的历史。他是这样说的:"同志们,如果上面不要求抓计划生育,我要是装孬非抓不可,你们日俺妈;如果上面逼着让我抓,你们不听我的下死劲抓,我日你们妈!"这话比县委全会决议和政府工作报告还管用,全县的计划生育工作从倒数第一一下子扶摇直上,拿了个金奖。①

毫无疑问,这段描写轻逸之极,让人忍俊不禁。当然,此类细节描写在邵丽挂职系列小说中比比皆是,比如对一个伙夫的

---

① 邵丽:《挂职笔记》,《人民文学》2011年第8期。

描写:

> 他有一手好厨艺,据说是祖传的。他爷过去跟过袁世凯,擀得一手好面条。袁世凯每天睡觉之前,必坐在床沿上喝一碗他爷擀的清汤面条。他爷擀面条有诀窍,面条擀好之后,晾上半个小时,然后毁掉重新揉捏,这样反复擀出来的面极筋道。薄如蝉翼的面条拿开水煮一滚,搁两棵烫过的时鲜青菜,出锅的时候再撒上香油大盐浸出来的葱花,简直是人间美味。袁世凯当了洪宪皇帝之后,他擀面条的机会少了。有一次洪宪皇帝想起他爷来,传旨让他爷擀面。他爷想,皇帝吃的面条应该与过去有所不同,就自作主张用高汤煨了一下。袁世凯吃着味道不对,皱了一下眉头放下了。内务府首长把他爷喊去熊了一顿,说,皇帝就是吃一碗面条也是国家大事,你一个伙夫说改就改了?饶你一命,滚蛋吧!他爷回来不久,洪宪帝就驾崩了,这让他爷有很长时间愧疚不已,到处说,要是天天吃我擀的面条,哪能会活不过六十啊![1]

在上述引文中,邵丽用生动的语言给我们塑造了一系列令人难忘的轻逸的形象,无论是副县长还是伙夫,都具有令人过目难忘的"这一个"的独特性。毫无疑问,小说的"轻"也正是在

---

[1] 邵丽:《挂职笔记》,《人民文学》2011年第8期。

对这些令人忍俊不禁的好玩儿的人物形象的叙述过程中一点点展现出来,从而给阅读者带来审美愉悦,也让我们看到了经常被我们忽略的生活中的另一面。在某种程度上,这也是小说的文学性的重要表现。

显然,对于小说叙事来说,"轻"意味着以不同的视角来观看这个世界,以精彩独特的语言、美妙的故事来呈现这个世界。唯此,小说才能消解世界的重量,呈现出独特的叙事世界。

二

卡尔维诺非常推崇"轻"的价值,但是"轻"并不是终极目的。"轻"必须和"重"联系。卡尔维诺说:"我尤其希望我已证明存在着一种叫做深思之轻的东西,一如我们都知道存在着轻浮之'轻'。事实上,深思之轻可以使轻浮显得沉闷和沉重。"[①]在这里,卡尔维诺所谓的"深思之轻",实际就是和沉重紧密联系的"轻",而不是没有任何重量的轻飘飘的轻浮之"轻"。卡尔维诺认为,"文学作为一种生存功能,为了对生存

[①] 伊塔洛·卡尔维诺:《新千年文学备忘录》,黄灿然译,译林出版社,2009年,第9页。

之重作出反应而去寻找轻"①。他不反对,或者毋宁说是强调文学要积极表达现实生活,"珀尔修斯的力量永远来自他拒绝直视,但不是拒绝他注定要生活于其中的现实。他随身携带着这现实,把它当作他的特殊负担来接受"②。也就是说,作家必须时刻注视着自己周边的现实生活,用自己周边生活的沉重来结构自己小说的轻逸。为了强调"轻"与"重"的连接,卡尔维诺特意讲述了卡夫卡的一篇短篇小说——《煤桶骑士》。这篇小说讲述了在一个寒冷的冬天,因为缺煤,叙述者带着空桶去找生炉火的煤。在路上,叙述者干脆骑到了桶上,而且,这个桶真的飞了起来,驮着叙述者升到两层楼高,在半空中晃晃悠悠地前行。终于看到了一个卖煤的商店,煤桶骑士骑在桶上,很费力地对着下面卖煤的商人提出了自己的要求,希望对方能够给他一点煤。可是煤商的妻子不想施舍给他,于是,煤商的妻子拿起围巾,赶走了煤桶骑士。煤桶驮着骑桶者飞走了,消失在冰山背后。或许卡夫卡写这篇小说是有其他目的的,但是,卡尔维诺重新解释了这篇小说——煤桶骑士就关系到小说的"轻"与"重"的问题。正是因为现实残

---

① 伊塔洛·卡尔维诺:《新千年文学备忘录》,黄灿然译,译林出版社,2009,第28页。
② 伊塔洛·卡尔维诺:《新千年文学备忘录》,黄灿然译,译林出版社,2009,第4页。

酷,木桶才会是轻的,如果木桶中装满煤,木桶就不会很轻了,这样,木桶也就不能飞翔了。所以,木桶的飞翔,其实就是对现实残酷的回应。这个关于木桶的意象,就被卡尔维诺用来解释成小说和现实的关系:飞翔的小说正是基于现实的残酷才能飞翔起来,所以,小说不能离开现实。事实上,在各个国家的民间传说中都存在大量的机智的穷人捉弄愚蠢而凶狠的富人的故事桥段,这种故事模式的形成,显然也和民间生活的沉重有关——当下层民众生活在无边无际的沉重之中的时候,他们必须寻找自己的轻来帮助自己度过沉重。关于机智穷人捉弄愚蠢凶残富人的故事模式虽然并不符合生活逻辑和生活实际,但因为迎合了下层民众的精神需求而在世界各地广泛存在。这实际也是文学艺术的"轻"对生活的沉重作出的反应。传说中的萨满教的巫师之所以往往具有神奇的本领,也是和现实的沉重密切相关的——在原始部落充满干旱、疾病和厄运的情况下,原始部落人因为没有掌握现代科学知识,所以无法对干旱、疾病和厄运做出有效的预防与控制,此时原始部落人的生活就是无法控制的沉重。面对这种沉重,萨满教巫师的反应是卸去身体的重负,飞进另一个世界。生活在困苦的沉重之中的人如此渴望飞翔,是因为他们无法在沉重中找到解决现实生活沉重的答案,所以,只好借助轻逸的飞翔来寻找。换言之,在民间传说中,在萨满教神话中,飞翔并不是简单的飞翔,而是意味着对现实沉重生活的解脱和解决。作为作家有意识创作的小说,卡尔维诺指出,文学作为一种生存功能,为了对生存之重作出反应而去寻找轻。这正如卡尔维诺所强调的珀尔修斯的"轻"并不是单纯的轻一样,他的借助风和云形成的轻逸姿态并非凭空产生,而是对能把万物化作石头的极端沉重的美杜莎的目光的反应,也正因为如此,珀尔修斯的"轻"才能够在神话中成为一个恒久的伟大的传说。如果没有美杜莎目光的沉重,也就不会有珀尔修斯的姿态优美意义深远的"轻"——没有沉重的"轻"是没有价值的。

当下的很多网络小说在某种程度上是非常"轻"的,小说有充满趣味的情节,流畅、轻松,甚至俏皮的语言。就当下的网络小说来看,其实很多小说已经显示出作家极高的语言表达能力。但是,值得深入研究的网络小说依然不多。这里面很重要的原因就在于,这些小说只有"轻",而没有"重"——这些网络小说很多都是"小白文",故事情节比较简单,易于理解,也没有太多的深意需要表达。换言之,作为小说,如果想具有轻逸的飞翔的品质,必须首先有"重"的价值表达。我们所强调的小说的轻逸,只是小说的表层形态,在这个表层轻逸的形态之后,还应该有"重"存在。如果轻逸后面一无所有,那么,这个轻就不是"深思之轻"。上述我所强调的很多作品的轻逸,都是因为表达出了沉重,才值得推崇。上述张爱玲的

《倾城之恋》中的轻逸,其中的男女两性的调情、角力,显然隐含着作家对社会中女性命运之"重"的考察。邵丽的挂职系列小说,显然也表达了作家对现实之"重"的多重思考。

比如她的《人民政府爱人民》这篇小说,邵丽首先在视角选择上,摒弃了更容易写作的普通的底层苦难展示这样一个叙事视角,接着,在具体叙事过程中,邵丽又放弃可能更具有煽情效果的,更容易被大众理解的对底层苦难的具体描写,反而抓住一个底层民众老驴的犟劲儿大做文章。小说写得韵味十足,有些地方甚至让人忍俊不禁,但是,底层的问题、中国的问题却并没有因为这个视角的绕开而被遮蔽,事实上,在邵丽饶有趣味的叙事中,这个问题的诸多复杂面反而得到了更为充分的展现,也就是说,在邵丽轻逸的视角背后,在她饶有趣味的叙述过程中,越来越沉重的东西却悄然呈现了。再如上文所举到的一个例子,《挂职笔记》中祁副县长对着高粱练讲话的细节,毫无疑问,这是一个让人印象深刻的细节,深得轻逸之妙。可是,在这个轻逸的细节中,沉重也随之伴生,从这个精彩的细节中我们可以看到中国官本位思想的影响,再结合小说中祁副县长为了要孙子宁愿丢掉副县长的位置,更让我们喟叹中国传统文化的超稳定结构与惰性。显然,在轻逸的背后,邵丽挂职系列小说却隐藏了一系列沉甸甸的东西。邵丽用自己轻逸的笔法,化解了生活中的种种程式化、固定化话语,用轻松活泼的故事和语言,表达出了沉重而丰富的内容。

当然,这种对生活之"重"的考察和表达,不仅仅指向当下,或者自身的生活。事实上,历史、社会、民族的沉重都应该是作家关注、考察的对象。马尔克斯的《百年孤独》用充满想象力的笔致描述了一个小镇马孔多的形成与消失。这个神奇的马孔多指向的不仅仅是一个小镇,而是隐喻着拉丁美洲的百年孤独,当然,我们也可以说,在某种程度上,隐喻着整个人类的百年孤独。也就是说,小说是针对拉丁美洲过去百年的生活之"重"的一种想象性的描述和超越。李洱的小说《花腔》的中心是葛任之死。但是小说却选择了一定程度的侦探小说的叙事模式——小说一开始就点出了葛任之死对这部小说的重要性,而且一开始就朝着这个方向前进,可是直到小说最后才详细描写了葛任死亡的过程。在这部小说中,李洱别出心裁地用三个叙述人从不同角度、立场来叙述他们眼中的葛任,以及葛任之死。在叙述者的叙述之外,作家又虚构出所谓的当时的史料、报纸报道,等等。小说充满了创造性的构造,虚构了一个精彩动人的故事。不过,小说指向的是历史,因为葛任是在抗日战争中去世的。可是,借助葛任之死这个话题,李洱给我们呈现出了历史的沉重:这个时代的所有人都不是自由的,他们必然地生活在各种话语裹挟之中。你拒绝了一种话语的裹挟,不代表你自由,因为,你会进入另外一种话语的裹挟之中。这就是小说中葛任的命运。当葛任下定决心要拒绝所有话语对自己命运的控制,彻底进入一个自由的境界之中的时候,他反而引发了多方话语对他的寻找和干涉。显然,《花腔》用非常自由、充满想象力的轻逸的文本显示了历史的沉重。

小说中的"轻"涉及的"重"不仅是生活物质、精神的沉重,还指向生活中的另外一种沉重,即生活的僵化之重。我们生活的世界是由各种话语构成的,一开始,各种话语的形成是方便我们对世界下定义,从而让我们能够更好地认知世界,谈论世界。但是,世界是惯性运行的,接下来,这些原本帮助我们认知世界的话语就遮蔽了世界本身,从而让我们只能看到话语,而无法看到世界的真相,甚至我们都无法用语言表达自己对世界的真实感知——你一旦张口,必然就会进入既定话语的窠臼之中,那则只能是对既往世界话语的重复,而不能本真地表达你自己的真实感知。卡尔维诺对此显然深有体会,他说:"有些时刻,我真感到整个世界都快变成石头了:一种缓慢的石化,视乎不同的人和不同的地方,进度有所不同,但生活的方方面面都无一幸免。仿佛谁也无法逃避美杜莎那不可阻挡的目光。"①所以,当卡尔维诺想要讨论小说的"轻"的时候,还要借助于珀尔修斯的神话来表述——不能直言,直言就会进入既定话语的窠臼,只能靠神话的意象引导我们去理解。当下我们生活中充满了各种话语,比如法律话语、经济话语、新闻话语、自然科学话语,等等。而且,这些话语还都以权威的姿态出现,也就是说,在涉及某些领域的时候,这些领域的相关话语往往就成为唯一被赋予权力的话语。但是,问题是,这些被赋予权力的权威话语往往只强调了自己的领域、自己的视界,而忽略了事物更为复杂的方面,这也导致了对世界的僵化认知。应该说,在这诸种话语之中,小说话语是唯一不被授权的话语——它的话语往往被当作小说家言,当不得真的。在某种程度上,小说也成了我们这个时代最无力的东西。但是,正因为不被授权,不具有权威性,小说话语反而获得了一个契机,反抗诸般权威话语的片面性,解构僵化的世界的契机。米兰·昆德拉在谈小说时曾经说过:"对我来说,成为小说家不仅仅是在实践某一种'文学体裁';这也是一种态度,一种睿智,一种立场;一种排除了任何同化于某种政治、某种宗教、某种意识形态、某种伦理道德、某个集体的立场;一种有意识的、固执的、狂怒的不同化,不是作为逃逸或被动,而是作为

---

① 伊塔洛·卡尔维诺:《新千年文学备忘录》,黄灿然译,译林出版社,2009,第2页。

抵抗、反叛、挑战。"①如果小说家有意识地避免各种权力话语对自己小说话语的侵蚀，那么，小说是可以解构世界的僵化，冲破种种固定话语对世界的塑造，从而表达作家自己对世界的重新发现。

事实上，米兰·昆德拉的《不能承受的生命之轻》就是一部处处指向生活僵化之重的伟大著作。小说中的一个核心关键词就是"媚俗"。所以，小说中的主人公托马斯显然就能击破我们惯常的对人僵化的认知。按照常规的认知方式，毋庸置疑，托马斯是一个花花公子。在他离婚之后，遇到特蕾莎之前，他从来没有和任何一个女人在一张床上完整地度过一夜，不过，他从来不缺少女人，事实上，直到和特蕾莎结婚之后，他也从来没有停止过寻找女人。可是，托马斯热衷于猎艳的原因可能和我们所想象的花花公子完全不同，他是带着富有哲学意味的探寻世界、征服世界的目的去寻找女人的。

> 他在所有女性身上找寻什么？她们身上什么在吸引他？肉体之爱难道不是同一过程的无限重复？
>
> 绝非如此。总有百分之几是难以想象的……
>
> "我"的独特性恰恰隐藏在人类无法想象的那一部

---

① 米兰·昆德拉：《被背叛的遗嘱》，余中先译，上海译文出版社，2003，第 164 页。

分。我们能够想象的,仅仅是众人身上一致、相同之处。个别的"我",区别于普遍,因此预先猜不出,估不了,需要在他者身上揭示它,发掘它,征服它。

……他知道没有比抓住这个"我"更难的事了。希特勒和爱因斯坦,勃列日涅夫和索尔仁尼琴,他们之间的相似远远多于不同。如果能用数据来表示,他们之间有百万分之一的不同,百万分之九十九万九千九百九十九的相同。

发现那百万分之一,并征服它,托马斯执迷于这一欲念。在他看来,迷恋女性的意义即在于此。他迷恋的不是女人,而是每个女人身上无法想象的部分,换句话说,就是使一个女人有别于他者的百万分之一的不同之处。

…………

只有在性上,那百万分之一的不同才显珍贵,因为不是公开就能了解的,而需要去征服……

所以,促使托马斯追逐女性的不是感观享乐(感观享受像是额外所得的一笔奖赏),而是征服世界的这一欲念(用解剖刀划开世界这横陈的躯体)。①

的确,我们所理解的花花公子往往都和"感观享受"有关,可

---

① 米兰·昆德拉:《不能承受的生命之轻》,许钧译,上海译文出版社,2003,第237—239页。

是，托马斯似乎给了我们所理解的世界一记重击。当然，托马斯带给我们的冲击还不止于此。就是这个花花公子一样的男人，在捷克被占领之后，本来已经带着妻子安全地到达了中立国瑞士，并且依然过着非常富足的体面的中产阶级的生活。可是，就是因为妻子特蕾莎无法放弃自己作为捷克国民的责任，毅然回国，托马斯在追问了自己无数次"非如此不可吗"之后，也离开了安全、富足、体面的生活，回到了一切都是未知数的国内。这个举动，显然又和我们所理解的花花公子根本不同。回国之后的托马斯，因为医术精湛，本来有希望接任他所供职的医院的科室主任一职，可是这一切，都因为他的一篇小文章改变了。仅仅因为他发表过一篇关于俄狄浦斯的小文章，似乎对当局有所批判，他就被要求收回这篇文章。当然，如果他听话的话，他下面的生活不会受到太大的影响。可是，托马斯拒绝了。当然，这个举动肯定也是和花花公子的形象不符合的。拒绝之后的托马斯无法再做外科医生，而成了一个清扫窗户的清洁工，在某种意义上，此时的托马斯的形象已经是因持不同政见而受迫害者了。可是，这个"不同政见者"再次做出了让我们惊讶的举动。之后的一天，他的儿子和一个记者找到了他，要求他在一份赦免政治犯的请愿书上签名。他们认为，托马斯已经是受到迫害的不同政见者了，所以，他理所应当签名。不过，托马斯拒绝了。拒绝的原因是他讨厌这种感觉：大家都逼他签名，在不是他自己写的东西上签名。所以，托马斯拒绝了胖警察让他告发眼前这个记者的签名，也拒绝了眼前这个记者让他在赦免政治犯的请愿书上的签名。当然，拒绝签名还有一个原因，他发现自己深爱着特蕾莎，所以，他不想让自己的妻子因为自己而生活得更加沉重，所以，他说："挖出被活埋的乌鸦比向主席递交请愿书要重要得多。"在某种程度上，托马斯以为，这种递交请愿书的行为是一种媚俗，其作用只是向很多作为观众的大众演绎了一下自己的姿态而已，当局不会因为出现了一份请愿书而停止对政治犯的迫害。相反，这个举动可能会让和自己直接相关的妻子的生活更加沉重。毫无疑问，按照我们的社会认知，小说中的托马斯可以贴上很多标签：花花公子，持不同政见者，受迫害者，还有懦夫。可是昆德拉的叙述让我们知道，托马斯也许根本就不是上面所有标签中的任何一个，他仅仅是托马斯而已。

《不能承受的生命之轻》用了一种带有讽刺的笔调描述了一场"伟大的进军"。事情和柬埔寨有关。刚刚结束内战的柬埔寨被越南占领，此时，国内又闹起了饥荒，很多人因得不到救治而死去。于是，国际医生组织要求进入该国实施援助，可是均遭到了越南的拒绝。于是，西方的一些伟大的知识分子决定组织向柬埔寨边境进军，他们想通过这一行动，迫使对方屈服，让医生进入这个国家。小说中的另外一个著名的医生弗兰茨也是一个充满梦想的人，他为这个号召所鼓舞，也加入了这一行列。小说以讽刺的笔调描述了这一场伟大的进军。当浩浩荡荡的法国请愿团到达集合点泰国的曼谷的时候，他们发现美国人已经更早到达，而且已经开始作为中心来主持会议了。这让法国知识分子觉得受到了冷落和侮辱，要知道，向柬埔寨进军原本是他们的创意，可是现在美国人却当仁不让地把事情的控制权抓到了自己的手中。为了表明抗议，这些都能听懂英语的法国人提出交涉，认为应该尊重法国，所以，会议语言不能仅仅是英语，于是，翻译员就应运而生。当然，这一安排，也使得会议的时间延长了一半还要多——因为与会的法国人还不断和翻译员发生争执，指出他翻译中的错误。到此为止，原本一场指向救助柬埔寨病人的伟大进军已经开始演变成领导权之争了。第二天，这种领导权之争达到了一个极点，在关于哪国人走在游行队伍的前面这个问题上，法国人和美国人也发生了激烈的争执。不过，事情最有趣的场景出现在一个美国女明星身上，她不甘心走在队伍的最后面——明星早已习惯了众星捧月，所以，她要占领队伍的领头位置。不过，在向前冲的过程中，她被一个法国女教授抓住了手，而且被骂了。自觉受到侮辱的女明星流下了眼泪，此时，一个摄影师敏锐地发现了这一幕，他跪在地上，拍下了女明星的眼泪。毋庸置疑，几天之后，女明星流泪的照片将会出现在报刊的醒目的位置,从这张照片,我们可以看到柬埔寨人生活的困境,以及女明星的善良。这场伟大的进军最终因为越南人根本无动于衷而宣告结束——所有游行的参与者都不敢冒险在对方不允许的情况下强行冲过边界。从米兰·昆德拉的描述来看,他展示出的是这样一场所谓的伟大的进军的巨大的媚俗性质。这些明星、知识分子等,或许的确是关注柬埔寨的人权问题的,不过,或许,他们更为关心的是让自己通过这样一种媚俗的行为,获得大众的认可,同时,也告诉自己,自己是一个高尚的人。显然,对这场伟大的进军的讽刺性的描述也让小说对相关事件的叙说超越了媚俗媒介常规性僵化的叙述,突破了既定话语的窠臼,呈现了某些事物在伟大、高尚面具之下的自私和可笑。

"轻"是卡尔维诺提出的一个重要小说美学概念,从这个概念中,我们可以看到卡尔维诺对未来小说价值所向的强调。事实上,在当下这样一个发达的传媒时代,在传统小说叙事日渐式微的年代,我们愈能体会到卡尔维诺所强调的"轻"的价值。显然,在当下这样一个传媒发达时代,小说写作必须要遵循现代小说伦理,疏离种种僵化的话语模式,尽力去发现生活,去表达"只有小说才能表现的东西",唯此,小说才能在当下的信息洪流中体现出自己不能被替代的独特价值。

第八章 小说中的"慢"与"快"

一、小说的"慢"

山鲁佐德的故事总是讲不完。这个聪明的女性,为了能生存下来,利用她出众的叙述能力,把她的故事无限期地讲了下去。被故事的结尾所吸引的国王,最终放弃了杀戮,并娶山鲁佐德为妻。《天方夜谭》这个神奇的东方故事告诉我们叙述能力的重要性,当然,也告诉我们,把故事讲"慢"的重要性,它甚至关乎生命。不过,山鲁佐德实际上并没有真正把故事讲"慢",她只是不断延宕故事的结尾而已,因为在具体叙事手法上,她的叙述语言还是简洁明了,每一个具体的故事都讲述得干净利索,没有芜杂的枝蔓。她的突破,只是在每一个故事结束的时候,适当地引出另外一个故事而已。用语简洁明了,干净利索地讲述一个完整的故事,是传统民间故事、传统叙事的标志性叙述手法,从《荷马史诗》到各民族的民间故事,都可以看到这种流畅快捷的叙事。

传统的民间叙事当然也有很慢的叙事,事实上,叙事者很早就发现了在叙事中把时间放慢的方法,比如说民间故事中常见的重复(比如,某某翻过了99座山,蹚过了99道河,杀死了99个妖怪,等等),以及山鲁佐德的,把故事连接起来。但是,需要注意的是,即便是这样慢的叙事,在叙事中,时间本身是没有停滞的,事实上,还都是很快。比如,卡尔维诺讲过的一个民间故事:

> 国王生病,医生告诉他:"陛下,如果您想康复,那就必须得到食人魔的一根羽毛。这可不容易,因为那食人魔见人就吃。"
>
> 国王传话,把这消息告诉大家,但没人愿意去找食人魔。于是他问一个最忠诚最勇敢的侍臣,那侍臣说:"我去。"
>
> 有人给他指路,对他说:"在一个山上,有七个洞,食人魔就住在其中一个洞里。"
>
> 那侍臣便出发,走至天黑,在一家旅馆歇下来……①

---

① 伊塔洛·卡尔维诺:《新千年文学备忘录》,黄灿然译,译林出版社,2009,第37—38页。

这个故事可以说是叙事快捷的一个典型版本，颇能代表传统民间故事的叙事精神。在这个故事中，没有提到国王得的是什么病，国王的病是怎么得的，为何食人魔有羽毛，为什么食人魔的羽毛可以治疗国王的病，山在哪里，山洞什么样子的……但是提到的，都是在情节中发挥必要作用的。叙事没有枝蔓，没有犹豫，就直接把故事的核心问题交代得一清二楚。之后的叙事，即便会有延长，比如侍臣寻找到食人魔所住的山洞可能需要翻过多少座大山，蹚过多少条大河，比如侍臣需要怎样一一对七个洞进行探秘，最终找到食人魔，但是，总体叙事中，时间没有停滞，人与故事情节永远在快速行进之中。

法国符号学家格雷马斯有关"结构语义学"的研究，使得一切文学文本、民间故事，甚至理论、意识形态的深层结构都可以借助参动者模式表现出来。格雷马斯证明，一切话语都是一种叙述结构，参动者模式则可以分析出其基本的语义冲突。他把文学故事、叙事话语中的人物角色简化为三组对立的人物，六种角色：主体/客体，发送者/接受者，帮手/对手。他把这六种角色的关系用这样一个图来表示：

发送者→客体→接受者
↑
帮手→主体→对手

这个图构成了小说叙事的基本模式,即发送者发送客体给接受者,在这个过程中,主体追寻客体。在主体追寻客体的过程中,会得到帮手的帮助和对手的阻挠。格雷马斯认为自己解决了叙事的动力问题,他可以据此分析一切叙事,甚至包括意识形态话语。比如,他把马克思主义学说的参动者模式表示为:

发送者(历史)→客体(无阶级社会)→接受者(人类)
↑
帮手(工人阶级)→主体(人)→对手(资产阶级)

以格雷马斯的结构语义学来分析民间故事,我们会发现,就传统民间叙事来说,一个非常典型的特点是,叙事往往极其简洁地把六个角色表达出来,接下来的叙事,往往就是行动。时间在不断行动中快速推进。角色也一定会被介绍得确定无疑。就以上述的例子来分析,虽然只是寥寥数语,但是故事中的基本角色其实已经全部出场,用参动者模式来表达就是:

发送者(医生)→客体(食人魔羽毛)→接受者(国王)
↑
帮手(侍臣)→主体(国王)→对手(食人魔)

这就是传统民间故事非常典型的特点,叙事简洁,绝没有芜杂枝蔓。这就使得小说的人物与小说情节一直在高速推进之中。这种简洁、快捷、没有枝蔓的叙事,显然和传统世界的单纯有关。按照卢卡奇的说法,传统的世界是神话的世界,所以,形成的文艺作品是神话,没有犹疑,没有枝蔓,一切都是简洁而确定的。在这个时代,"星空就是可走和要走的诸条道路之地图,那些道路亦为星光所照亮。那些时代的一切都是新鲜的,然而又是人们所熟悉的,既惊险离奇,又是可以掌握的。世界广阔无垠,却又像自己的家园一样"①。因为心灵始终处于家园之中,所以,这个时代的人就觉得和世界和谐无间,觉得一切尽在把握,所以,史诗就能够极其简洁流畅地刻画整个世界广博的总体。卢卡奇是从古希腊史诗时代来探讨史诗的形成问题,但是我们可以说,其实卢卡奇描述的精神状况不仅仅是古希腊特有的,而是进入现代纪元以前的普遍的精神状况。所以,民间故事才那么快捷地叙述各种各样耸人听闻的故事。然而,进入现代纪元以后,这种情况改变了,"我们的原始图景无可挽回地失去了其自明的对象,而我们的思想则走在一条永远都无法达到终点的无限遥远的路上。我们发明了形式的创造……我们得在认识和行动之间、心灵和形成物之间、在自我和世界之间放置不可逾越的鸿沟……"②这样,与前现代时期的那种封闭、有限的世界不同,现代人所存在的世

---

① 卢卡奇:《小说理论》,燕宏远、李怀涛译,商务印书馆,2012,第19页。
② 卢卡奇:《小说理论》,燕宏远、李怀涛译,商务印书馆,2012,第24页。

界不再使人感到像在家中那样舒适,而是使人丧失整体感。这也就打破了传统的神话世界。现在的世界是小说的世界,传统的神话世界被现代生活打破,世界的统一性、整体性被打破,于是,世间充满了疑问,文学作品也开始表现犹豫不决的精神,这就是小说的精神。当然,当我们充满犹疑的时候,叙述也慢下来了。这个慢,不再是如《天方夜谭》中那样,仅仅是故事结尾的延宕,而是从叙事手法上都发生了重大变化。简洁明了的叙事开始让位给复杂的、枝蔓的叙事,在某种程度上,离题成为一种常态。

现代小说之所以慢下来,很重要的原因是,现代生活太快了。在前现代时期,在那个封闭、有限的世界中,一切事物的发展都是缓慢的,缓慢得如同今天电影上的慢镜头,小说家可以相对轻松地把握这世界上发生的一切,然后将之表现出来。也就是说,在某种程度上,可以说,社会上的一切尽在小说家的掌握之中。所以,小说家可以让自己的小说之车行驶得飞快,因为他只需要关注那些突然发生的重要的大变化就可以了。可是今天,社会加速发展,我们原来所熟悉的一切都改变了模样。就像在当代中国城镇化的大潮中,一个离开家乡两年的游子可能回到家乡就会感到一切都是陌生的。世界变化得太快,社会之车快速向前行进,对于以描述这一切为职业的作家来说,描述自己曾经非常熟悉的那一切已经变得复杂了。

此时，在社会之车加速向前的情况下，小说家如果不停下自己的脚步，仔细认真观察快速行进中的社会之车，而是仍然让自己的小说之车快速前行的话，那么我们可以肯定，他只能浮光掠影地看到社会的一个简单轮廓，而不能深入把握这个社会表象之下的脉搏。一言以蔽之，之所以小说在进入现代之后慢了下来，是因为随着现代社会的加速，在前现代时期时代和社会原本稳定的对应关系发生了变化。所以，也正是在进入现代之后，小说中的慢才真正发生了。被誉为开启了现代小说潮流的斯特恩的《项狄传》，虽然号称是叙述项狄的一生，但是关于项狄的叙事却不断被各种其他信息所打破、冲击，里面充满了其他杂七杂八、东拉西扯的芜杂的故事，所以，当小说进行到全书的三分之二的时候，项狄仍然还是一个孩子。

如《项狄传》这样的小说把故事延宕下去的方法，才是真正的慢，是现代小说意义上的叙事之慢。在这部小说中，离题、枝蔓成为小说的常态。小说题目虽然是《项狄传》，但是，大量的篇幅讲述的都是项狄身边的人——项狄的父亲、母亲、叔叔、斯洛普医生……小说似乎总是在寻找离题的机会。第三卷由项狄的鼻子受伤，一发不可收拾地谈到项狄祖父母的婚事，谈到项狄的父亲，甚至又在"精神象征和讽喻"含义层面探讨伊斯拉谟论鼻子的拉丁文句。随着意识流小说的出现，现代小说的叙事之慢达到了一个极点，我们恐怕永远也无法忘记那个都柏林的小市民、广告推销员布卢姆在1904年6月16日一个昼夜的所见、所闻、所思。就是一个普通小市民的一个昼夜不到二十四个小时的物理时间，构成了这部中译本长达867页的长篇巨著中的全部内容。慢，成了这部小说最大的特质。我们发现，自从进入现代纪元之后，自从现代小说从物理时间的限制中走出来之后，小说已经不仅仅是被传统的慢的方法束缚了，而是呈现出更多复杂的变化。小说叙事技巧的革新，在很大程度上，都包含着对叙事速度的放慢。

二、"慢"的意味

文学从神话到小说，是文学本身的变化，当然，这个文学本身的变化的背后，是深层次的社会精神的变化。在前现代时期，社会生活是"慢"的，因为慢，所以，社会人就能看清楚每一件发生在自己身边的事情，于是，他们对自己生活的这个世界就能够完全把握、充分理解，他们和自己生存的世界能够完全统一起来，他们对社会生活的理解也就简洁而明确，于是，在叙事上，就可以"快"起来。因为理解得简洁、明确，从而带来叙事的快捷。在传统的世界里，事情往往是单纯的，是容易理解的，所以都可以用简洁迅速的语言将之表现出来。最多在时间分岔的时候，说书人用一句"花开两朵，各表一枝"，从而对小说的分岔简单说明,但是,接下来,各表一枝的叙事仍然是叙述简洁的。比如说中国的《三国演义》等小说,即便其中小说线索极其复杂,几方势力互相斗争,局势微妙,但是作者依然用肯定的语气表述着这个世界的简单,比如小说中的谋士在献策的时候,都用极其肯定的语气:某某必怎样怎样。战争实际上是千变万化的。军事家孙子也说,"兵者,诡道也",也是在强调战争事件本身的复杂性,政治的复杂性。但是,在这样复杂的局势下,谋士们仍然极其肯定地说,某某必怎么样,从中我们当然可以看到谋士的自信,但是,其实我们更可以看到,当时时代精神的相对单纯。正是因为大众对时代有着确定的把握,所以他们才敢肯定地说,这个世界一定是这样的。

但是到了现代社会,世界向我们呈现出其复杂的一面,各种我们原本以为确信无疑的单纯而确定的东西,在现代社会,都呈现出其暧昧、复杂的一面。对社会的认知,带给我们的不再是单纯明了的感觉,而是含混、复杂。面对这个复杂的世界,我们的态度是犹疑的,我们不能确定自己的认知是否符合更为本真的世界的本相,于是,关于这个世界的叙述,也慢了下来。因为,只有慢下来,才有可能表现出这个世界的丰富性和多元性。所以,有意放慢叙述的脚步,有意在慢慢的叙述中呈现世界的复杂性,就成为很多作家的自觉选择。事实上,只有慢下来,才能利用叙事慢慢地把世界照亮。在当下这个处于无限复杂的普遍联系的时代,似乎每一件事情都不是孤立的,所以,看上去很不起眼的枝蔓的叙述、细节,很可能就是小说叙事的关键所在。如同我们所理解的今天世界的状况,轰动世界的大事很可能是由其背后不起眼的枝蔓的细节所决定的那样,小说也通过慢下来,力图呈现世界更为复杂多元的细节,于是,离题、枝蔓成为当代小说的常态。很多故事的重点就在芜杂、枝蔓的细节上,只有通过这些琐屑的细节,小说的言外深意才能显露出来,邵丽近年创作的一篇影响极大的中篇小说《第四十圈》就是这样通过放慢叙述而不断呈现事情本身复杂性的一个典范。

《第四十圈》一开始,作者就不断向我们强调她所描述的案子的复杂性,并且有意放慢叙述的节奏。《第四十圈》叙述的是一个和杀人有关的故事,当然,这个事件有其本身的复杂性,不过,更值得我们注意的是叙述者的姿态——她一直借助小说中其他人物之口,强调这件事情的复杂性,因为事情复杂,我们就没有从其他人口中听到事情梗概的可能性,于是,只能慢慢地跟着小说叙事一点一点地了解这件事情的前因后果。《第四十圈》的核心内容是齐光禄杀人,在妻子牛光荣因为警察不断骚扰而跳楼自杀后,在政府已经给予了赔偿后,齐光禄仍然把他认定的一系列事件背后的元凶——已经被撤职的派出所所长查卫东——给杀了。但是,这个简单的叙述显然无法把这个事件的本质呈现出来,这个情节显然也无法呈现《第四十圈》表达的深意。齐光禄之所以在得到赔偿后还去杀人,是和前面的一系列细节密不可分的。齐光禄因为卖肉的铺位被派出所所长查卫东的小舅子张鹤天看中,在拒绝了张鹤天转让铺子的要求后,他和妻子牛光荣早年的事情成为警察的把柄——牛光荣曾经和多名男性有染,而齐光禄是在强暴了牛光荣后才成功娶到牛光荣。警察根据这些事情,把牛光荣和齐光禄分别逮捕。虽然牛光荣当年和多名男性有染并非卖淫,而是源于对生活的绝望和自暴自弃,而齐光禄强暴牛光荣也只是为了娶她,并且他们之后真的生活得很好,警察逮捕他们的时候,正是他们无论从夫妻感情还是家庭经济状况各个方面最好的时候,而且,此时牛光荣已经怀孕了,他们即将迎来他们的孩子。为了保护齐光禄,牛光荣被迫承认自己卖淫——否则警察就会以强奸罪逮捕齐光禄。这就导致牛光荣被劳教,导致怀着的孩子在监狱中被折磨掉。牛光荣出狱的时候,他们的肉铺子也已经被迫转让给张鹤天了。牛光荣的父亲牛大坠子和齐光禄不甘心,他们精心设计了风筝喊冤事件,从而让他们的事情引起了国际媒体的注意,最终导致当地政府出面为他们主持公道——撤掉查卫东派出所所长职务,归还肉铺,并且予以经济赔偿。牛大坠子作为老人,之所以能鼓动女婿喊冤,而没有如中国传统老人那样"屈死不告状",去压制年轻人不要和政府斗,一方面和他的性格有关,另一方面还和他自己的冤屈有一定的关系——他承包了政府的一个宾馆并且将其经营得红火,但是政府却在他经营红火之后拿走了他的经营权。这是让牛大坠子感到非常屈辱、愤怒的一件事情,如他所骂的,"这是什么鬼世道儿?对你们不利的事儿,你们就跟我讲理。对你们有利的事儿,你们就跟我讲法啊!"换言之,齐光禄他们经历的事情,是这个家族短短十年之内经历的第二次了。牛大坠子的感慨,很不幸接下来还在继续验证。明明风筝喊冤事件已经结束,但是新调来的一个公安局局长却说,当年对齐光禄和牛光荣的处理没有严格按照法律办,齐光禄的强奸罪不能因为牛光荣承认自己卖淫而被赦免,还要严格按照法律处理有关事情。于是,他们重新逮捕了齐光禄。这个经历了太多挫折的家庭终于不能承受这次重压,牛光荣愤怒之下,跳楼自杀。虽然之后政府迫于压力释放了齐光禄,试图化解牛光荣死亡带来的压力,但是,齐光禄终于无法接受这种持续的屈辱,最终导致了这场血案的发生。

从小说题目以及小说的叙事来看,小说所讲述故事的高潮在齐光禄杀人一节。但是作家却并没有对这一节做太多的描写,而是一开始就老老实实地从牛大坠子说起,一点一点地,通过大量似乎旁逸斜出的枝蔓的情节的叙述,把事情的前因后果呈现出来,最终,把齐光禄杀人的深层原因,以及齐光禄走上杀人之路的背后的可怕性呈现出来。如小说中叙事者对齐光禄的总结,齐光禄之所以走上这条路,是因为他无处诉说,说了也没人听,听了也没人管。这个总结,显然就不是一个轰动的杀人事件本身所能呈现出来的了。对于这部小说,尤有意味的是小说采取了双线叙事,一条线索是故事中所有主要当事人的相关经历,另外一条线索则是叙事者"我"在天中县时的所见所闻。两部分所占篇幅大致相当。其中,"我"在天中县的所见所闻颇有意味,从表面上看,此时距离齐光禄杀人已有十年,似乎很多东西都已经和当年的事件非常遥远了,所以,叙事者的所见所闻,似乎都是和当年血案关系不大的一些枝蔓的叙述。但是叙事者似乎非常冗长、枝蔓的挂职经历却实实在在地对当年的齐光禄杀人事件提供了一个意蕴丰富的补充,从而让当年的这个事件呈现出更为复杂的意义。小说一开始就叙述了天中县对牛大坠子、齐光禄一家所居住的天中镇的奇怪的态度。齐光禄血案已经发生了十年,但是天中镇仍然在为牛大坠子一家上告,而天中县政府则对天中镇唯恐避之不及,接着,小说又一点点描述了当地官员对齐光禄一案的态度——三缄其口,邻县官员对齐光禄一案的态度,同情被杀的警察,而指责齐光禄一家是刁民。这些似乎和齐光禄杀人无关的事后的细节,通过作者一点点的收集、归拢,慢慢呈现出官民的某种对立,正如叙事者针对事件发生之后官方的处理报告所说的那样,"事情的麻烦之处就在于,看起来谁都有责任,但是论到法律上,又都没有责任。这么重大的事件,最后查找不出具体的原因,也没有应该承担责任的人,你不觉得更可怕吗?"从而呈现了比齐光禄杀人事件本身更为丰富的意蕴。事实上,从《第四十圈》我们可以看出,正是通过叙述的放慢,通过不断加入各种枝蔓的细节,小说的言外之意、韵外之旨似乎慢慢清晰地呈现出来了。也正是通过这不断的离题和枝蔓的细节,小说呈现了世界的复杂性和暧昧性,表现了叙事艺术特有的力量。

事实上,这种情节的枝蔓,这种叙事的慢节奏,在实现了表述的丰富外,还具有另外的一个重要功能,就是使小说叙事更加精确。就像上述的《第四十圈》这部小说,如果不把和这件事情所有有关的前因后果一点一点地呈现出来,恐怕读者就很难对齐光禄最终挥起大刀这个行为有更为深刻、到位的理解。邵丽近年来另外一部影响极大的中篇小说《刘万福案件》也采用了这样非常繁复的叙事结构,小说一开始就写出了刘万福的三死三生的传奇故事。但是,关于这个三死三生的具体内容,却并没有具体展开,而是在之后的叙事中,借助叙事者对这个故事了解的深入,一点点地把三死三生背后的隐秘性、复杂性呈现出来。在一开始的叙述中,刘万福的所谓的三死三生，都是歌颂党恩的，但是随着叙事者层层剥茧式的深入挖掘，刘万福死生背后的东西慢慢呈现。小说虽然题名为《刘万福案件》，但是，小说却并不仅仅着眼于刘万福最终砍向乡村恶霸刘七的一刀，而是枝蔓丛生地从刘万福、刘七的父辈谈起，而且还另设一条县委书记命运的线索。正如在《刘万福案件》中所表述的，"作为当时的看客和后来的读者，也许看到的只是他一刀索命的快意恩仇，看到的只是他把刀举起又落下的物理过程，可支撑这个物理过程的心理过程有多长？是一个世纪，一辈子还是一刻？"作家对似乎和杀人事件无关的前因后果不厌其烦地追溯，其实正是在寻找这个心理过程，寻找是什么带来了如此漫长的心理过程，并最终导致刘万福举起了自己手中的刀。这个原因，绝不是举刀的那一刹可以发现的。在这个枝蔓丛生的叙述中，此时的刘万福案件，显然已经不仅仅是一个刑事案件的问题，而是负载了更多的东西。当然，这个更为丰富的表达，毫无疑问，也更为精确地展示了刘万福案件所揭示的社会的本质性的东西。

在今天这样一个精神驳杂的时代，简洁的叙事，似乎已经不足以表述出更为精确的现实，刘震云的小说《一句顶一万句》是以简洁的口语来叙述，但是，小说却不断采用"不是……而是……也不是……而是"这样的句式，以至于刘震云自称是中国最绕的作家。之所以在叙事语言上如此缠绕，很重要的一个原因是,我们用简洁的语言、单线条的叙事,恐怕已经很难呈现出事物本身的复杂性了。在这种情况下,放慢叙事的脚步不失为一个很好的选择。通过慢慢叙事,通过对周边问题的慢慢展示,一点点呈现出事物的复杂性,从而更加清楚、精确地表达这个世界。事实上,刘震云近年的小说都有这样鲜明的语言特点,这恐怕也是他对这个世界的复杂性的另外一种表现方法吧。在《一句顶一万句》之后,刘震云又写出了长篇小说《我不是潘金莲》,也写得饶有趣味。小说中的乡下妇女李雪莲为了能多生一个孩子,同时不影响自己在县化肥厂当司机的丈夫秦玉河的工作,就和丈夫办了离婚手续。他们办理离婚,只是权宜之计,等生完孩子,还是要复婚的。这是两人的约定。可是出乎李雪莲意料的是,在他们离婚期间,秦玉河居然和其他人结婚了。自觉受到欺骗的李雪莲找秦玉河讨说法,她只想让秦玉河向她认错,然后,她就过自己的新生活。可是秦玉河却说离婚是因为她是潘金莲,他们不是假离婚。决心争口气的李雪莲就此开始了告状之路。不过,因为他们的离婚走的是正规法律程序,所以,法律途径显然无法解决李雪莲的冤屈。反而因为她不断上访,当地政府曾经把她关起来过。这就更激怒了李雪莲,她认定她告不倒秦玉河是官官相护的结果,就更加坚决地上访、告状。她曾经在全国召开两会期间误打误撞进入了开会的人民大会堂,无意中又撞见一个大领导。大领导对她的问题的批示,引起了她所在省的省长的重视,为了自己的政治前途,省长严厉处理这个案子,于是,和这个案子相关的市长、县长、县法院院长全被撤职。不过,这不是李雪莲想要的结果,她想要的只是秦玉河向她道歉,她要恢复名誉,自己不是潘金莲。因为法律无法强制秦玉河向李雪莲道歉,于是,没有达到目的的李雪莲决定继续上访、告状。小说中的李雪莲的生命,就在不断的上访、告状中耗尽了,当然,这也导致她所在地的地方官、县长、市长也都始终高度紧张,因为大家都没有能力来解决李雪莲提出的问题,也无法说服李雪莲放弃上访,这就导致李雪莲的上访仍有可能影响到他们的政治前途。小说中讲,在二十年后,仍然在上访,要为自己讨回名誉的李雪莲仍然让地方的市长、县长,以及乡里的干部们极其紧张。可是,这一年,就在她进入北京之后,县里发生了一起意外的车祸,她的前夫秦玉河车祸中丧生了,与此同时,县里派到北京去找李雪莲的人也在北京抓住了李雪莲。得到汇报,县长郑重非常高兴:

> 郑重高兴的是,这回抓住李雪莲,和往年抓住李雪莲不同;如今秦玉河死了,不但这回李雪莲不会在北京出事,今后也永远不会出事了;历年出事的根儿,被秦玉河自个儿给刨倒了。李雪莲告状告了二十年,雪球越滚越大,事情由芝麻变成了西瓜,由蚂蚁变成了大象;李雪莲

成了当代的"小白菜",成了名人;现在,这棵白菜终于烂到了锅里。更妙的是,这白菜不是被别人炖烂的,是被他们自个儿炖烂的;驴桩不是被别人刨倒的,是被他们自己刨倒的;现在芝麻和蚂蚁没了,西瓜和大象也就跟着解脱了。从来没有因为一个人的死,给别人带来这么大的解脱;从来没有因为一个人的死,给别人带来这么大的快乐。①

接着,县长郑重赶紧给市长马文彬打电话汇报:

> 郑重挂上电话,又拿起,开始给市长马文彬打电话。事情终于解脱了,他得马上向市长马文彬汇报。他向马文彬汇报,不同于王公道向他汇报。王公道向他汇报,不过是为了抢功;郑重向马文彬汇报,主要不是为了抢功,而是让马文彬像他和王公道一样,早一点把心里的石头落地;落地不单为了让马文彬在这件事上也早一点解脱,而是因为马文彬因为李雪莲的事,对郑重说过"有些失望"的话;马文彬对谁一失望,谁的政治生命就走背字了;郑重想早一点将这个"有些失望"挽救回来,从"有些失望"这件事解脱出来……拨通电话,郑重一口气将李雪莲前夫秦玉河出车祸的前前后后,说了个清楚;说清楚不是

---

① 刘震云:《我不是潘金莲》,长江文艺出版社,2012,第257页。

为了说李雪莲今年不会再出事,而是为了说李雪莲永远不会出事了;因为告状的芝麻和蚂蚁没了,西瓜和大象也就永远解脱了。①

这段话中也是充满了"不是……而是"的句式。虽然句式显得很绕口,叙事显得很啰唆,但是,县长郑重的心理,他的真实心态,以及官员们关于上访的想法也在这绕口的句式中精确地呈现了出来。显然,郑重虽然极其关注李雪莲上访,但是他关注的不是引发李雪莲上访的事件本身——这个事件的确也不是什么大不了的事情,他关注的是李雪莲上访会引发的后果,尤其是对他本人不利的后果。如果不能解决李雪莲上访的问题,那么,他的上级市长马文彬的仕途也就有可能受到影响,所以,马文彬也是非常关注李雪莲上访的。领导关心的事情就是郑重必须要努力解决的事情。更何况,因为解决李雪莲上访问题不力,郑重已经让马文彬"有些失望",现在,对于郑重来说,早一点把自己从这个"有些失望"中挽救出来、解脱出来,就是最大的事情。因为领导对他失望,就意味着他的仕途升迁没有太大希望了。所以,郑重急着给马文彬打电话,既是为了让市长放心,同时也是为了早点儿在市长那里消除对自己的"有些失望",使自己有些昏暗的政治前途重新明亮起来。

---

① 刘震云:《我不是潘金莲》,长江文艺出版社,2012,第258页。

这段非常绕口语句,在把李雪莲事件中各级领导的态度表达了出来之后,还非常精确地点出了中国官员升迁中的核心问题。毫无疑问,李雪莲的前夫秦玉河只是一个普通的司机,但是,对于郑重、马文彬这些和李雪莲相关的县长、市长来说,秦玉河又不是一个普通的司机,是一个在某种程度上关系着他们的政治前途的司机。秦玉河的死亡,相当于是对李雪莲的告状进行了釜底抽薪,所以,客观上让马文彬、郑重这些市长、县长的政治前途不再受到李雪莲告状的干扰。此处小说如果不慢下来,我们就无法理解县长郑重得到司机秦玉河死亡消息时的高兴。小说复杂的叙述,呈现了复杂而精确的内容。这就是小说叙述中"慢"的价值。

显然,这种情节的枝蔓、旁逸斜出,叙事语言的缠绕,都是现代小说叙事慢下来的表现,这种慢,保证了小说叙事内容的丰富性,保证了在这样一个快节奏的时代,小说叙事在最大程度上对时代精神更为精确的认知和表现。显然,对于当代的小说叙事来说,"慢"是一种特殊的价值,在某种程度上,我们可以说,这其实是小说文本在形式上对我们今天所处的这个时代复杂性的一个隐喻性的回应。

三、小说的"快"

慢会带来叙事内容的丰富,也会带来某种独特的精确性,但是,这个慢可能也会带来问题,那就是停滞,或者说,陷入。唯物主义辩证法认为,事物是普遍联系的,这个伟大的论断在今天被证明正确得一塌糊涂,在今天你会发现,每一个词都不是孤立的,都可以无限地向外延伸、生发。一个最简单的例子可以说明这个问题。打开百度,在其中输入一个词,立刻会出现无数个关于这个词的网页,而打开其中任何一个网页,它又可以在此基础上向外扩展、延伸至其他相关词汇。换言之,只要你愿意,你可以一直点击,一直连接下去,最终你会发现,你已经深深陷入词汇的海洋之中,你再也无法走出这个词语之海。显然,在今天这个资讯高度发达的时代,在这个词语连接无远弗届的时代,叙事的延宕、枝蔓,不仅可能会带来叙事的丰富和精确,其实也会带来另外一个严重的问题,那就是陷入叙事的停滞之中。而一旦陷入叙事的停滞之中,所谓的丰富和精确其实也就无从谈起了。所以,要保证叙事的丰富和精确,我们需要的不仅仅是"慢",还有"快",只有"快",才能避免叙事的停滞,避免陷入。

这个"快",是"慢"的基础上的"快",它不是如前现代时期的神话或者民间文学那样让时间始终处于高速行进之中,也会有枝蔓丛生的细节不断干扰叙事的前进,但是,即便面对那些丰富多彩歧义丛生的细节,这个叙述也必须是有节制的,本质上,它是作家面对复杂生活所必须具有的一种省略和凝聚的技巧。昆德拉说,面对现代世界,"包容现代世界的复杂性要求一种省略和凝聚的技巧。否则您将掉进一个无底的陷阱"①。我们这里所说的快,其实,就是一种凝聚和省略的技巧,你必须能够把生活高度浓缩,你必须能敏锐意识到生活最重要的部位,并且用快刀将与之无关的部分斩下。叙事艺术是与时间有关的艺术,在某种意义上,在叙事作品中,作家就是时间的主人,他可以随意地让时间停滞,或者让时间加速流动。作家可以花费几分钟几十分钟进行描述、讨论某一个几秒钟瞬间的细节,当然也可以以一句"十年过去了",用不到一秒钟的叙事,代替流逝的十年时间。在当下这个时代,为了表现更为丰富的生活内容、更为复杂的意义指向,作家需要不时停下来,让时间停滞,从而能够从容地把相关细节一一展现。但是,叙事艺术需要的不仅仅是让时间停滞,还需要让时间加速。如上所述,一味地停滞,只会让整个叙事文本陷入停滞之中,让文本陷入时间的陷阱中,无法展开。那样,叙事文本最

---

① 米兰·昆德拉:《小说的艺术》,唐晓渡译,作家出版社,1993,第70页。

终只能变成无限个细节的拼接，或者，对现实生活的某种拙劣的复制，从而失去其意义。作家必须具有这种能力——在文本中处理庞大丰富的生活细节时，既能让其最大限度呈现生活的复杂性，同时又能让文本叙事具有轻盈的速度感。上述的《刘万福案件》中涉及的信息极其庞大，伴随着刘万福三死三生传奇经历的，是一系列复杂多样的人物，另外，小说的另外一条线索，即县委书记周启生的现实经历也颇富传奇性。如果不厌其烦地表述所有生活细节，很可能会让小说叙事陷入时间的停滞。但是作家处理得很有策略，她的笔触只对刘万福的三死三生展开相对详细的论述，其他的生活细节，往往一带而过。例如周启生其实也是小说中的另外一个重要人物，这个形象其实表达了小说的另外一个重要主题。但是，小说虽然相对详细地描述了周启生的喝酒、应酬、各种言论，以及从城市下到县城之后的变化，可却极其吝啬笔墨，我们看不到他的形象，不知道他在官场如何应酬，不了解他的官场生活。最终，这部小说虽然描述人物众多，事件复杂，描述了大量的似乎枝蔓的细节，但是小说叙事却一直处于高速前行之中，始终具有一种轻盈的速度感。

《我不是潘金莲》中也充满了省略的技巧。小说是紧密围绕李雪莲进行叙事的，而且，不厌其烦地描写李雪莲和各级官员的对话，看上去似乎极其烦琐，似乎整部小说都要淹没在所有和李雪莲有关的生活细节之中了。不过,这部小说的"快"从小说的目录就可以看得出来。小说共分三章:第一章是"序言:那一年",第二章是"序言:二十年后",第三章是"正文:玩呢"。不过,不要被小说的目录所欺骗,以为第一章和第二章真的就是序言,第三章是正文。事实上,小说总共287页,而第一章和第二章就占了268页。也就是说,所谓的序言就占据了全部篇幅的绝大部分。这个目录中所谓的序言和正文,显然不是从小说叙述内容的多少来说的,而是从小说的表达主旨来提炼的。小说的前两章,两个序言,不过,一个是"那一年",另一个则是"二十年后",这两个序言显然就已经直接拉开了时空。"那一年"介绍了故事开始时李雪莲的离婚事件以及上访过程。接着,就是"二十年后"的上访了。那么,从那一年到二十年后的这一年,这中间的时间,李雪莲也一直是在上访中度过的。对于这种重复的生活,小说就直接省略了。还有,小说只集中在了和李雪莲上访有关的事情,那么,具体来说,李雪莲这二十年都是怎么过的,她的女儿是怎么养大又嫁人的,等等,在这部小说中完全没有表现。这就是这部小说的省略,这就是这部小说的"快"。这样,小说就不至于淹没在所有和李雪莲有关的细节中了。

不过,讨论小说文本的叙事之"快"的时候,我们必须再次强调,这个"快",一定是建立在"慢"的基础上的。还因为,如果没有叙事的"慢"做基础,那么,"快"也将没有任何价值。《我不是潘金莲》这部小说花费了百分之九十的篇幅来叙述李雪莲上访的原因,上访的过程,上访中和官方的斗智斗勇。也就是说,在描述李雪莲的上访这方面,小说可谓不厌其烦。在这个地方,小说叙事显得足够"慢"。可是,描述李雪莲的上访,表现李雪莲的上访,显然不是小说表达的主旨。或许这一部分也是小说所要表达的主旨的某些方面,但肯定不是最重要的方面。这个从小说的目录也可以看得出来,虽然小说的第三部分篇幅最短,只有几十页,但是,却被标明为"正文"。而且,这部小说给我们最大的震撼,恰巧来自小说的最后一部分。小说的最后一部分讲述的和李雪莲的事情无关。事实上,李雪莲上访、告状的叙述,在秦玉河死后,就戛然而止了。小说第三部分讲述的是一个名叫老史的人生存的诗意。他在县城开了一个饭店,叫"又一村",因为饭店卖的"连骨熟肉"极有特点,所以,小店生意极好,每天做的"连骨熟肉"都是供不应求。但是老史每天只煮两锅肉,绝不因为供不应求而多做、多卖,原因是不能累着自己。而且,老史还有一个嗜好,是打麻将,他和几个固定的牌友,固定在每周的周四下午打麻将。每周就打这一回。因为,也不能让自己累着。后来,老史因为去北京参加姨妈的葬礼,打算回家的时候,却发现,因为临近年关,返程的火车票买不到了。这个时候,老史急中生智,拿出一张纸,在上面写了几个字:"我要申冤",然后就在火车站举了起来。接下来的情节就是,警察迅速出现,把老史摁住,然后,直接派人把老史塞进火车,送回了老家。当然,也正是在这个老史回家之后,小说才交代出,这个老史,就是史为民,也就是二十年前受李雪莲案子牵连被撤职的县长。小说对老史的相关叙述可谓简略到了极点:老史县长被撤职之后到底有没有感觉到冤枉,有没有想要去上访(按照小说逻辑,一个李雪莲被冤枉为潘金莲就持续上访二十年,老史显然也有资格去上访)。如果没有上访,老史的思想是怎么转过弯的。还有,老史这几十年到底是怎么生活的。对于这些,小说都没有介绍,只是在两个协警把老史从北京押送回来之后,借助另外一个人物老刘,简单介绍了此老史便是当年的史县长:

> 老刘简明扼要,给老董和老薛作了介绍:这人叫史为民,二十多年前,在外地当过县长;后来因为一桩案件,听说还牵涉到一位妇女,老史可能是徇私舞弊,也可能是贪污腐化,被撤了职;当县长能贪污腐化,不当县长就剩个干工资,养不活一大家人,便从外地回到老家,在西街开了个饭铺;饭铺的名字叫"又一村";"又一村"的连骨熟肉很出名……①

---

① 刘震云:《我不是潘金莲》,长江文艺出版社,2012,第282页。

这段简单的话，就概括了老史二十多年的生活。不过，这段语焉不详的陈述，其实也包含了颇多的信息量。首先，从小说叙事来看，县长老史因为李雪莲事件被撤职，显然是冤枉的。这个撤职其实背后包含的是省领导对大领导意图的揣测，以求不影响自己的升迁。而且，被冤枉撤职的老史，名誉也受损了。对于老史莫名其妙被撤职，旁观者不会认为仅仅是因为李雪莲那样一个小案子的牵连，而会认为，老史一定是因为贪污腐化或者什么问题，才被撤职的。上文中老刘给两个协警介绍情况时，就加进了自己的揣测，"老史可能是徇私舞弊，也可能是贪污腐化，被撤了职；当县长能贪污腐化，不当县长就剩个干工资，养不活一大家人，便从外地回到老家，在西街开了个饭铺"。这样说来，老史的冤枉其实是比李雪莲更为严重了。李雪莲只不过是受了丈夫的欺骗，而且，被丈夫随口说了一句是潘金莲，就开始了无穷无尽的上访、告状之路。老史则是莫名其妙地被撤掉了县长的位子，而且，还被旁观者议论说是因为贪污腐化或者徇私舞弊。显然，对老史叙述的简略和对李雪莲叙述的详细构成了鲜明的对比。不过，小说的深意，也正是从对老史简略的叙述中呈现出来了。李雪莲仅仅是为了争一口气，就开始了长达二十多年的上访告状之路。这二十年中，李雪莲没有过过正常的家庭生活，连自己的女儿因为她长期告状也在出嫁之后不愿意和她多来往。也就是说,为了出一口气的李雪莲,不断上访告状的结果是,把自己的生活彻底毁掉了。小说对李雪莲的详细叙述,其实就全面呈现了始终行走在上访路上的李雪莲的生存的艰辛。另一方面,小说简略提到的老史,在遭受了比李雪莲更大的冤屈之后,没有选择上访,或者出一口气,而是回家开了一个小饭店,过上了自己平静的生活。从小说最后一部分来看,我们显然不能说老史的生活算差。这样一个富有深意的对比,让小说的主旨瞬间呈现出来。不过,虽然小说对老史的叙述极其简略,可是,这个简略的意义也正是在对李雪莲上访的详细描述的基础上才能显现出来。不看到李雪莲上访的情况,我们就无法理解老史选择平静生活的意义和价值。

显然,从《我不是潘金莲》《刘万福案件》等这些小说中,我们可以看到,在我们今天这个时代,叙事的"快"有着特殊的价值,那就是能带给作品思想最大程度的浓缩,能带给作品更为丰富和深刻的意义。今天,随着现代传媒技术的发展,随着发达传媒时代的到来,世界越来越呈现出其复杂的一面,小说的外部生态发生了重大变化。现代传媒的发达导致信息传递加速,使得信息开始充斥人们的生活。无所不在的传媒、信息在无意中对社会人构成了全方位的价值诱导,使得生活在这个社会上的人深陷在这个时代相关传媒的价值宣传之中,而失去自我对这个时代最本真的触摸、理解能力。在这种情况下,作家要做的一方面是要尽量呈现世界的复杂性,但是同时又不能仅仅复制客观生活。如果仅仅是复制生活的话,庞大的细节会使文本陷入停滞,也会使读者,甚至作家本人,在庞大的细节中迷失,最终失去对复杂生活的理解能力。小说文本如果想要在这个时代具有特殊的价值,作家必须具有思想的自觉和凝聚、省略的能力。只有具有了省略和凝聚的能力,作家才能在复杂、多样、浩如烟海的生活细节中择取最有价值的细节呈现给读者,从而让作品具有最大程度的思想的浓缩。

卡尔维诺在《新千年文学备忘录》中讲到一个中国故事:庄子多才多艺,善于绘画。国王要他画一只蟹。庄子说,需要五年时间、一座乡村房子和十二个仆人。五年后,他还没有画。"再给我五年时间。"庄子说。国王准许。又五年之后,庄子拿起画笔,在一瞬间,只用一笔,就画了一只蟹,那是人们所见过的最完美的蟹。这个故事或许是对当代小说叙事中的"慢"与"快"的最好的隐喻:只有足够的慢,才有可能达到一种艺术的完美,也可能带来一种艺术之"快"。当然,"快"也不是随意没有目的的快,最好的艺术之"快",一定是建立在艺术之"慢"的基础上的。